KB262838

JLPT
新 일본어
능력시험
N2 청해
한 번에
한패스하기

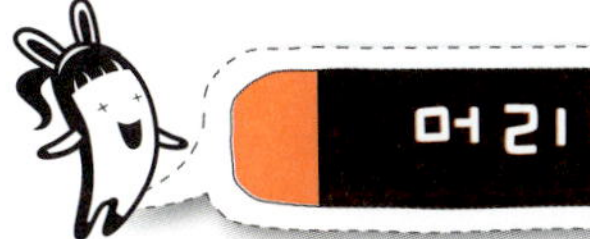

A : 今何時?　　　　　　 - 지금 몇 시야?
B : うん、食べたよ。　 - 응, 먹었어.

　갑자기 무슨 뜬금 없는 대화문장이야? 라고 의문스럽게 생각하시는 분들이 계실 것이다. 위의 대화문은 본 저자가 가끔 현장강의에서 학생들과 회식을 할 때, 취기가 조금 오른 학생들끼리 주고받는 일본어 대화문을 적은 것이다. 즉, 서로가 용기를 내어서 술김에 일본어로 대화를 해 보려고 주고받은 대화이다. 더 웃기는 것은, 위의 대화문을 듣고 있던, 다른 학생 중 한명이, 이 대화문장이 맞다는 듯이 팔짱을 끼고 고개를 끄덕이고 있었다는 것이다. 저자는 이런 황당한 시추에이션을 어떻게 받아들여야 할 지, 당황했었다.

　이처럼, 외국어에서 청취라는 것을 학습자들은 상당히 까다롭게 느끼고 있고, 그 요령조차도 잘 모르는 경우가 상당히 많다. 저자 역시 십 수년 간 일본어 강의를 하면서, 학생들이 어떻게 하면 일본어를 알아들을 수 있을까 에 대한 연구를 많이 해 왔다. 그 결과, 결론을 내렸는데, 일본어 시험과 관련된 청취는, 많이 보는 만큼 잘 들린다는 것이다. 이 말은 시험문제와 관련된 어휘를 많이 공부하고 나서 문제를 풀면, 들리기 시작한다는 것인데, 대부분의 학습자들은, 본인의 어휘력을 망각하고 무작정 음성을 들으려고만 한다는 것이다. 문법적으로나 어휘력이 완성되지 않은 상태에서 청취를 한다는 것은, 정말 밑 빠진 독에 물 붇기라고 해도 과언이 아니다. 따라서 본 교재를 이용하시는 여러분들은, 반드시 정확한 시험유형을 파악하고, 거기에 맞는 어휘를 먼저 공부하는 것이 중요하다. 무작정 듣고, 대충 정답을 맞히는 연습을 하는 것은 절대적으로 응용력이 결핍되어, 시험에서 낭패를 보기가 쉽다.

　그럼, 어떤 식으로 문제에 접근할 것인가 도 중요한 포인트가 될 것이다. 먼저 학습자들이 알아야 할 것은, 시험이 어떤 식으로 바뀌었고, 어떤 유형으로 출제되는가를 파악하는 것이다. 그리고, 각 파트의 문제를 어떤 스킬(문제를 푸는 요령이나 기술)로 풀어야 하느냐는 것이다. 기본적인 사항만 정확하게 알고 있어도 시험문제의 반은 맞히고 들어가는 것이다.

　현장강의를 하면, 학생들로부터 많은 질문을 받는데, 대표적인 것이 어떻게 하면 청취를 잘 할 수 있는가 이다. 단언컨대, 위에서 저자가 언급한 것처럼 보는 것만큼 들린다는 것을 반드시 명심해 주기를 바란다. 한자를 잘 모르는 학생(한자공부를 잘 안 하는 학생)이 일본어가 어렵다고 말하는 것과 같은 이치로서, 보지 않은 단어는 절대 들리지 않다는 것을 명심하도록 하자.

　적어도 본 교재를 전부 공부하신 학생 중에는, 「今何時?」라는 질문에 「うん、食べたよ」라는 황당한 대답은 하지 않을 것이다(아무리 술 기운이라도).

　들리지 않던 일본어가 본 교재로 들리게 되기를 바라며, 여러분들의 건승과 합격을 기원하겠다.
みなさん、愛しています。

가을의 문턱에서 저자 이장우

목 차

이 책의 구성과 활용 5

新 일본어능력시험 개요 6

청해 8

청해 문제 구성 – 문제 유형 및 예제 12

▶ 이 책의 학습요령

쑥쑥 실력다지기 코스 – 파트 1 35

술술 문제풀기 코스 및 아하! 해설 코스 _ 예상문제 44

쑥쑥 실력다지기 코스 – 파트 2 58

술술 문제풀기 코스 및 아하! 해설 코스 _ 예상문제 60

쑥쑥 실력다지기 코스 – 파트 3 74

술술 문제풀기 코스 및 아하! 해설 코스 _ 예상문제 80

쑥쑥 실력다지기 코스 – 파트 4 90

술술 문제풀기 코스 및 아하! 해설 코스 _ 예상문제 94

쑥쑥 실력다지기 코스 – 파트 5 102

술술 문제풀기 코스 및 아하! 해설 코스 _ 예상문제 106

실전 모의테스트 1회 121

실전 모의테스트 2회 133

실전 모의테스트 1회 정답 및 해설 146

실전 모의테스트 2회 정답 및 해설 162

문제 구성 – 문제 유형과 예제

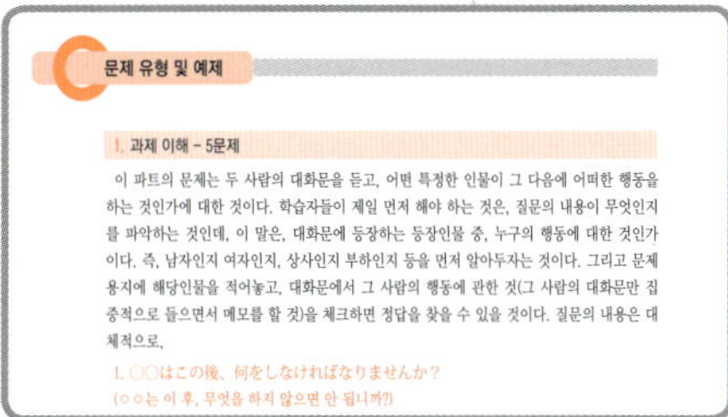

신 일본어능력시험의 문제 유형에 꼭 맞춘 문제 유형 설명과 예제를 실어 문제의 경향을 한눈에 알아볼 수 있도록 구성하였습니다.

술술 문제풀기 코스

출제 예상되는 예상문제를 풀어보면서 실제 시험에 대한 적응력을 높이고, 실력을 테스트할 수 있도록 구성하였습니다.

실전 모의테스트

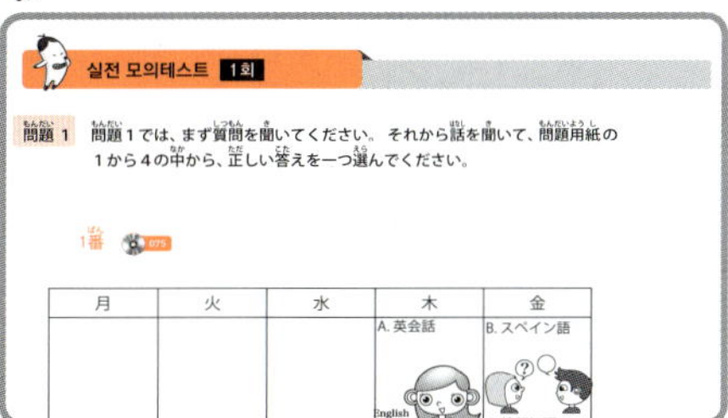

실제 시험에 완벽 대비할 수 있도록 실전 모의테스트 2회분을 실어, 시험에 앞서 최종 실력 점검을 할 수 있습니다.

쑥쑥 실력다지기 코스

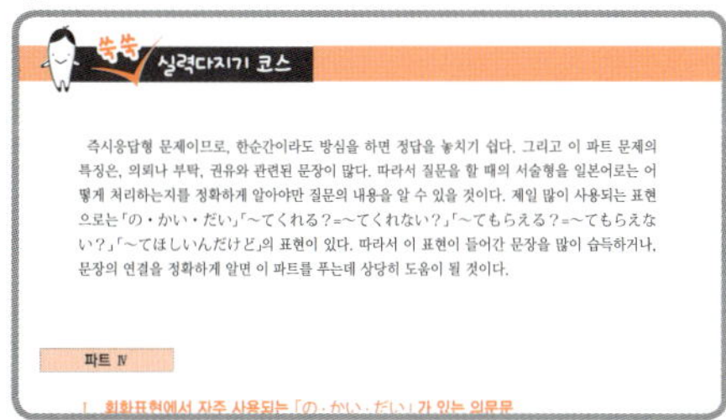

문제를 풀기에 앞서 꼭 익혀두어야 할 학습 사항을 정리해 놓아, 실력을 다질 수 있도록 구성하였습니다.

아하! 해설코스

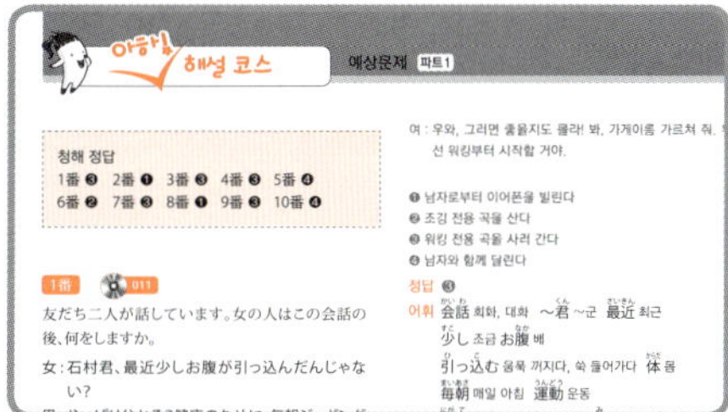

술술 문제풀기 예상문제에 대한 정답 및 해설을 자세하게 실어 놓았으며, 또한 꼭 필요한 어휘도 콕콕 집어 놓아 실력을 업그레이드할 수 있도록 구성하였습니다.

실전 모의테스트 정답 및 해설

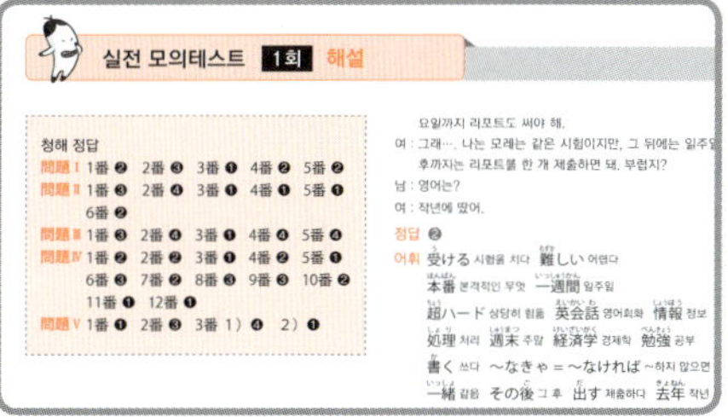

실전 모의테스트에 실린 모든 문제에 대한 자세한 해설과 정답을 수록, 완벽하게 마무리할 수 있도록 하였습니다.

2010년부터 새로워진 능력시험에 대해 알아보자.
연 1회 실시되던 시험이 연 2회 (7월, 12월)로 늘어난다.

1. 무엇이 바뀌는가?

❶ 기존 시험은 단순한 일본어에 관한 지식 위주의 시험이었다면 새로운 시험은 실질적인 문제해결능력을 묻는 문제를 중점으로 출제된다. 그리고 종합배점에서 청해가 차지하는 비율이 기존의 4분의 1에서 3분의 1로 높아졌다.

❷ 기존의 능시 1급에서 4급까지의 레벨이 한 단계 더 늘어나서 5단계로 바뀐다.
새로 신설되는 N3는 기존의 능시 3급과 2급의 레벨차이를 보완하기 위한 것이다.
여기서 N이라는 것은 새로움을 의미하는 「New(新しい)」와 일본어의 의미 「Nihongo(日本語)」의 머리글자이다.

N1	합격 라인은 기존 시험과 거의 변함이 없지만 기존 1급 보다 조금 더 높은 수준까지 측정할 수 있게 된다.
N2	기존의 2급과 거의 비슷한 수준이다.
N3	기존의 2급과 3급 사이의 수준이다.(신설 됨)★
N4	기존의 3급과 거의 비슷한 수준이다.
N5	기존의 4급과 거의 비슷한 수준이다.

❸ 기존 시험에서는 1급의 경우 400점 만점에 70% 이상 즉, 280점 이상이면 합격이었지만 새로운 시험에서는 각 과목당 기준점수가 있어 이것에 미달하면 총득점이 높아도 합격할 수 없는 과락제도가 도입되었다.

❹ 매회 다른 난이도로 말미암아 발생하는 형평성 문제를 해결하기 위한 대책이 마련된다.
예를 들어 7월 시험은 쉬웠고, 12월 시험이 어려웠다고 한다면 12월에 시험을 친 수험생이 점수가 낮게 나올 가능성이 커진다. 이러한 문제를 보완하기 위한 대책이다.

❺ 일본어를 실생활에서 얼마나 적용할 수 있나?
새로워진 시험에서는 합격한 사람이 각 레벨별로 일상생활에서 일본어를 사용(말하기, 듣기, 읽기, 쓰기)해서 구체적으로 어떤 것을 할 수 있는지에 대한 기준을 제공할 예정이다.
예를 들어 N2에 합격한 자는 일본드라마를 볼 때 배우들의 대사를 무리 없이 이해할 수 있으며(듣기), 일본인 친구들과 어려움 없이 메일을 주고받고(쓰기), 최신유행에 관한 잡지 기사를 읽고 내용을 파악할 수 있으며(읽기), 회사 면접 등에서 면접관 질문에 대해 정확하게 대답할 수 있다(말하기)는 것과 같이 실례를 보여주는 것이다.

레벨	시험과목 (시험시간)		
N1	언어지식 (문자 / 어휘 · 문법) · 독해 (110분)		청해 (60분)
N2	언어지식 (문자 / 어휘 · 문법) · 독해 (105분)		청해 (50분)
N3	언어지식 (문자 / 어휘) (30분)	언어지식 (문법) · 독해 (70분)	청해 (40분)
N4	언어지식 (문자 / 어휘) (30분)	언어지식 (문법) · 독해 (60분)	청해 (35분)
N5	언어지식 (문자 / 어휘) (25분)	언어지식 (문법) · 독해 (50분)	청해 (30분)

레 벨	배점구분	득점범위
N1	언어지식(문자 · 어휘 · 문법)	0 ~ 60
	독해	0 ~ 60
	청해	0 ~ 60
	종합배점	0 ~ 180
N2	언어지식(문자 · 어휘 · 문법)	0 ~ 60
	독해	0 ~ 60
	청해	0 ~ 60
	종합배점	0 ~ 180
N3	언어지식(문자 · 어휘 · 문법)	0 ~ 60
	독해	0 ~ 60
	청해	0 ~ 60
	종합배점	0 ~ 180
N4	언어지식(문자 어휘 문법) · 독해	0 ~ 120
	청해	0 ~ 60
	종합배점	0 ~ 180
N5	언어지식(문자 어휘 문법) · 독해	0 ~ 120
	청해	0 ~ 60
	종합배점	0 ~ 180

 **2교시 청해 대비 요령**

    2010년부터 시험 형식이 바뀌었으므로 거기에 맞게 철저히 준비해 두지 않으면 안 될 것이다. 신 시험은 기존의 시험과는 다르게 총 5개의 파트로 나뉘어져 있다. 그리고 각 파트에서 출제되는 문제형태는 정해져 있으므로, 그 형태에 맞추어 출제 가능한 예상문제로 철저히 대비하면, 그 어떤 학습자라도 충분히 만점을 받을 수 있을 것이다. 청취는 들리지 않은 것이 아니고, 보이지 않는 것이다. 이 말은 내가 본 만큼(연습한 만큼) 좋은 점수가 나온다는 의미이다. 각각의 파트를 어떻게 대비해야하고, 어떤 식으로 문제를 풀어야 하는지를 본 교재에 나와 있는 스킬이나 연습문제로 철저히 대비하도록 하자.

2교시

청해

문제 1 과제 이해
문제 2 포인트 이해
문제 3 개요 이해 - 장문 청취
문제 4 즉시 응답 - 질의 응답
문제 5 종합 이해

청해

청해
실전모의
테스트

聴解

청해

▶ 청해 문제 구성 – 문제 유형 및 예제

▶ 쑥쑥 실력다지기 코스

▶ 술술 문제풀기 코스 – 예상문제

▶ 아하! 해설 코스

▶ 실전 모의테스트 1, 2회

	파트	큰 문제	출제 전적	작은 문제	목표
청해	1	과제 이해	조금 변형	5	정리된 내용을 듣고, 내용을 이해하고 있는지를 묻는 문제(구체적인 과제해결에 필요한 정보를 듣고, 다음에 무엇을 하는 것이 적당한지에 대한 이해를 묻는 문제)
	2	포인트 이해	조금 변형	6	정리된 내용을 듣고, 내용을 이해하고 있는지를 묻는 문제(청취를 듣기 전에 문제용지에 표시된 문제 내용을 보고, 정답을 맞추기 위한 포인트를 이해하고 있는가를 묻는 문제)
	3	개요 이해 (장문청취)	조금 변형	5	정리된 내용을 듣고, 내용을 이해하고 있는지를 묻는 문제(내용 전체에서 말하는 사람의 의도나 주장 등을 이해하고 있는가를 묻는 문제로서 기존의 장문청취와 비슷하다)
	4	즉시응답 (질의응답)	새로운 유형	12	질문 등의 짧은 이야기를 듣고 적절한 응답을 선택할 수 있는가를 묻는 문제
	5	종합 이해	조금 변형	4	조금 긴 내용을 듣고, 여러 개의 정보를 비교·종합하면서, 내용을 이해하고 있는지를 묻는 문제

문제의 구성

1. 과제 이해 – 5문제

　이 파트의 문제는 두 사람의 대화문을 듣고, 어떤 특정한 인물이 그 다음에 어떠한 행동을 하는 것인가에 대한 것이다. 학습자들이 제일 먼저 해야 하는 것은, 질문의 내용이 무엇인지를 파악하는 것인데, 이 말은, 대화문에 등장하는 등장인물 중, 누구의 행동에 대한 것인가이다. 즉, 남자인지 여자인지, 상사인지 부하인지 등을 먼저 알아두자는 것이다. 그리고 문제 용지에 해당인물을 적어놓고, 대화문에서 그 사람의 행동에 관한 것(그 사람의 대화문만 집중적으로 들으면서 메모를 할 것)을 체크하면 정답을 찾을 수 있을 것이다. 질문의 내용은 대체적으로,

　1. ○○はこの後、何をしなければなりませんか？
　(○○는 이 후, 무엇을 하지 않으면 안 됩니까?)

　2. ○○は何をしなければなりませんか？
　(○○는 무엇을 해야만 합니까?)

　3. ○○はどんな○○をしますか？
　(○○는 어떤 ○○을 합니까?)

　4. ○○はこのあとどうしますか？
　(○○는 이 후 어떻게 합니까?)

등과 같은 것이다. 물론 다른 종류의 질문도 있을 수 있다. 위의 질문내용을 보면 대체적으로, 대화문을 듣고 나서의 행동에 관한 것을 묻는다는 것을 알 수 있다. 따라서, 이러한 질문의 내용을 알고, 파트 1에 임하면 학습자들은 무엇을 들어야 하며, 무엇은 필요 없는 문장(대화문)이 되는지를 알 수 있을 것이다.

　그럼 파트 1의 문제를 풀 때의 스킬에 대해서 알아보자. 이 파트는 행동이나 동작에 관한 것이므로, 그 행동의 당사자나, 그 행동을 시키는 사람은 순서나 단정, 역접을 나타내는 부사를 사용하는 경우가 많을 것이다. 순서를 나타내는 부사라고 함은 「まず : 우선」「まずはじめに : 우선 제일 먼저」「第一に : 첫 번째로」등의 단어이고, 단정이나 역접을 나타내는 부사는 「ただ : 단지」「だが : 하지만」「だけど : 하지만」등일 것이다. 따라서 행동이나 동작의 당사자가 이러한 부사를 사용하여 대화문을 시작하거나, 대화문 중간에 이런 부사들이 있으면 그 대화문이 정답이 될 가능성이 크다.

　서술어 부분을 듣고도 정답과 관련된 대화문을 찾을 수도 있는데, 「〜だが : ~이지만」「〜ですが : ~입니다만」「〜ので(から・ため) : ~때문에」에 다음에 나오는 문장이다. 왜냐하면, 일반적으로 상대방의 이야기에 대해서, 행동이나 동작의 당사자가 본인의 생각을 나타낼 때는 주로, 「~라고 생각하지만, (저는)…」, 혹은 「~이기 때문에, (저는)…」이라고 표현하는 경우가 많기 때문이다.

　위의 내용이 문제를 푸는 방법임을 염두에 두고, 관련된 문장을 읽어보도록 하자. 그리고 연습문제를 임하면 훨씬 문제를 푸는 것이 쉬워졌다는 것을 알 수 있을 것이다.

問題1

問題1では、まず質問を聞いてください。それから話を聞いて、問題用紙の1から4の中から、正しい答えを一つ選んでください。

1番 001

おばあちゃんは明日どうすると予想されますか。

❶ 一人で病院へ行く
❷ イチローと病院へ行く
❸ カズオと病院へ行く
❹ 病院へ行かない

1. 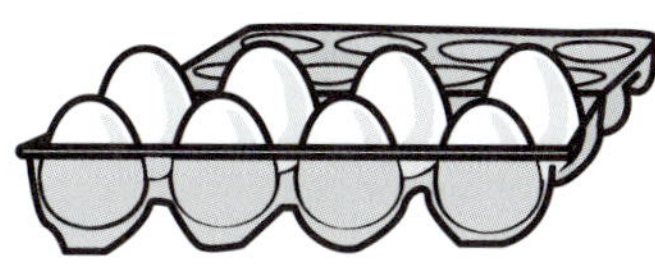

2. 

3. 

4. 

5. 

袋に入れる順番はどれですか。

❶ 4-1-2-5
❷ 4-1-3-5
❸ 4-2-5-1
❹ 4-3-2-1

문제1에서는 우선 질문을 들어주세요. 그리고 이야기를 듣고 문제용지의 1부터 4중에서 바른 답을 한 개 고르세요.

1番  001

家でおばあちゃんと孫が話しています。おばあちゃんは明日どうすると予想されますか。

女　イチローちゃん、学校ではクラブに入っているの？

男　うん、サッカークラブに入ってるよ、おばあちゃん。

女　毎日やっている？

男　毎日じゃないよ。週末はやらないんだ。どうして？

女　明日おばあちゃんが病院に行くんだけど、犬を預けるところがなくてね…。それで…。

男　午前中ならいいけど、午後は練習だよ。

女　ふーむ…。どうしよう。

男　あ、そうだ。カズオは明日何もないって言ってたから頼んだらどう？

女　カズオも明日忙しいって。友だちとの約束で図書館に行かなきゃいけないらしいわよ。

男　そう。練習に出ないわけにもいかないし…。

집에서 할머니와 손자가 이야기하고 있습니다. 할머니는 내일 어떻게 할 것이라고 예상됩니까?

여　이치로, 학교에서는 클럽에 들어가 있어?

남　응, 축구클럽에 들어가 있어, 할머니.

여　매일 해?

남　매일은 아냐. 주말은 안 해. 왜?

여　내일 할머니가 병원에 가는데 개를 맡길 곳이 없어. 그래서….

남　오전 중이라면 괜찮은데 오후는 연습이 있어.

여　흠…. 어떻게 하지.

남　아, 맞아. 카즈오는 내일 아무 것도 안 한다고 하니 부탁하면 어때?

여　카즈오도 내일 바쁘다고 해. 친구와의 약속으로 도서관에 가지 않으면 안 되는 것 같아.

남　그래? 연습에 안 나갈 수도 없고….

할머니는 내일 어떻게 할 것이라고 예상됩니까?
❶ 혼자서 병원에 간다
❷ 이치로와 병원에 간다
❸ 카즈오와 병원에 간다

❹ 병원에 안 간다

어휘

家 집　孫 손자　予想 예상　学校 학교　入る 들어가다　毎日 매일　週末 주말　病院 병원　犬 개
預ける 맡기다　午前中 오전 중　午後 오후　練習 연습　頼む 부탁하다　忙しい 바쁘다
〜って ~라고 하더라　友だち 친구　約束 약속　図書館 도서관　〜なきゃ = 〜なければ ~하지 않으면
出る 나가다　〜わけにもいかない ~수도 없다

정답 ❹

2番　002

レジの前で夫婦ふたりが話しています。袋に入れる順番はどれですか。

女　あ〜、卵と豆腐を先に入れないで。

男　どうして？早く入れて帰ろうよ。

女　でもさ、買ったものが多いんだから、重いものから入れたほうが物の形が変わ
　　らないし、壊れないでしょ。

男　そっか…？

女　先に缶ビールを入れて、次に卵…。

男　ちょっと待って。卵よりワインを先に入れたほうがいいんじゃない？

女　ワインは割れやすいからあなたが手で持ってって。

男　うん。アイスクリームはどうする？

女　それは豆腐の次。

계산대 앞에서 부부 두 사람이 이야기하고 있습니다. 봉투에 들어가는 순서는 어느 것입니까?

여　아, 계란과 두부를 먼저 넣지마.

남　왜? 빨리 넣고 돌아가자.

여　하지만, 산 것이 많아서 무거운 물건부터 넣는 편이 물건의 형태가 변하지 않고, 망가지지 않아.

남　그래?

여　먼저 캔 맥주를 넣고 다음에 계란….

남　잠시만. 계란보다 와인을 먼저 넣는 편이 좋지 않아?

여　와인은 깨지기 쉬우니 당신이 손으로 들고 가.

남　응. 아이스크림은 어떻게 할래?

여　그건 두부 다음.(에 넣어)

봉투에 들어가는 순서는 어느 것입니까?

❶ 4-1-2-5

❷ 4-1-3-5

❸ 4-2-5-1

❹ 4-3-2-1

어휘

レジ 계산(대)　夫婦 부부　袋 봉투　入れる 넣다　順番 순서　卵 계란　豆腐 두부　先 먼저　入れる 넣다
早く 빨리　帰る 돌아가다　買う 사다　多い 많다　重い 무겁다　物 물건　形 형태　変わる 변하다, 바뀌다
壊れる 부서지다, 망가지다　缶 캔　次 다음　待つ 기다리다　割れる 깨지다　手 손

持つ 들다, 가지다

정답 ❶

2. 포인트 이해 – 6문제

이 파트는 두 가지 형태의 문제가 출제된다. 첫 번째는 두 사람의 대화문이고, 두 번째는 장문청취의 형태이다. 이 파트의 문제는 포인트이해라는 것인데, 여기서 말하는 포인트가 무엇인지를 먼저 학습자들이 알아야 할 것이다. 이 문제 역시 파트 I 과 마찬가지로 질문의 내용을 먼저 정확하게 파악해야 한다. 즉, 어떤 행동이나 동작의 대상이 누구인지를 알아야 한다는 것이다. 이것에 대한 언급은 파트 I 에서 충분히 하였음으로 생각하겠다. 그 다음 단계는, 이 파트는 다른 파트와 다르게 문제용지에 나와 있는 보기를 읽을 시간이 20초 가량 주어진다는 것이다. 따라서 질문의 내용을 듣고, 그 내용에 맞는 보기가 문제용지에 나와 있으므로 학습자들은 그 보기의 내용을 충분히 이해해 두어야 하는데, 가장 좋은 방법은 보기의 내용을 미리 해석해 둔다는 것이다. 보기의 내용은 길지 않으므로, 20초 동안에 충분히 해석할 시간은 될 것이다. 여기까지가 본격적으로 문제를 듣기 전까지의 과정이다. 그럼, 우선 이 파트에서는 어떤 종류의 문제가 출제되는지 알아보자.

1. どうして～か？ (왜 ~입니까 – 그렇습니까?)

2. 何が最も～か？ (뭐가 가장 ~입니까? / 그렇습니까?)

3. 理由は何だと言っていますか？ (이유는 무엇이라고 말하고 있습니까?)

4. どこに問題があると言っていますか？ (어디에 문제가 있다고 말하고 있습니까?)

5. どんな～を…か？ (어떤 ~을…합니까?)

6. ～と言っていますか？ (~라고 말하고 있습니까?)

등 이다. 위의 질문 내용에서도 알 수 있듯이, 어떤 무언가의 핵심적인 것을 묻고 있다는 것을 알 수 있다. 따라서 이 핵심적인 것이 포인트가 되는 것이고, 이 포인트를 빨리 찾는 것이 이 파트를 공략하는 방법이라고 할 수 있을 것이다. 그럼, 여기서, 이 파트를 공략할 수 있는 스킬에 대해서 알아보자.

이 파트는 무엇보다도 부사와 조사에 주의를 해야할 것이다. 왜냐하면, 본인의 주장이나 의견의 제시, 다른 사람에게 지시나 명령, 권유 등을 할 때는 반드시, 그 말을 이어가기 위한 부사를 제시하기 때문이다. 따라서, 학습자들은, 행동이나 동작의 주체자가「実は : 실은」「それより : 그것보다」「より～ : 보다~」「何よりも : 무엇보다도」「どうしても : 어떻게 해서든」「ですから : 때문에」「何で : 왜」라는 부사를 언급하면서 대화문이나 설명문을 전개할 때는 반드시 주의해서 듣도록 하자. 그리고 설명문에서「～に比べて…ほうが : ~와 비교해서…하는 편이」나,「～は…とは言えない : ~은…라고는 할 수 없다」는 표현이 들어가는 문장도 주의해서 듣도록 하자. 마지막으로 이 파트를 풀 때의 중요한 포인트의 하나는, 절대 대화문이나 설명문의 첫 부분에서는 절대 정답을 언급하지 않는다는 것이다. 그 이유는 상대방의 행동이나 동작보다는「이렇게 하는 것이 좋다」는 것을 언급하기 때문이다. 따라서 앞에 나오는 문장은 정답으로 가는 과정 설명이고 뒤에 나오는 문장이 정답에 되는 포인트가 되는 것이다.

<ruby>問題<rt>もんだい</rt></ruby>2

<ruby>問題<rt>もんだい</rt></ruby>2では、まず<ruby>質問<rt>しつもん</rt></ruby>を<ruby>聞<rt>き</rt></ruby>いてください。　そのあと、<ruby>問題用紙<rt>もんだいようし</rt></ruby>の<ruby>選<rt>せん</rt></ruby><ruby>択肢<rt>たくし</rt></ruby>を<ruby>読<rt>よ</rt></ruby>んでください。　<ruby>読<rt>よ</rt></ruby>む<ruby>時間<rt>じかん</rt></ruby>があります。それから<ruby>話<rt>はなし</rt></ruby>を<ruby>聞<rt>き</rt></ruby>いて、<ruby>問題用紙<rt>もんだいようし</rt></ruby>の1から4の<ruby>中<rt>なか</rt></ruby>から、<ruby>正<rt>ただ</rt></ruby>しい<ruby>答<rt>こた</rt></ruby>えを<ruby>一<rt>ひと</rt></ruby>つ<ruby>選<rt>えら</rt></ruby>んでください。

1<ruby>番<rt>ばん</rt></ruby>　003

❶ <ruby>近<rt>ちか</rt></ruby>くの<ruby>郵便局<rt>ゆうびんきょく</rt></ruby>はもう<ruby>閉<rt>し</rt></ruby>まっているから
❷ <ruby>家<rt>いえ</rt></ruby>に<ruby>近<rt>ちか</rt></ruby>いから
❸ <ruby>前<rt>まえ</rt></ruby>に<ruby>行<rt>い</rt></ruby>ったことがあるから
❹ <ruby>有名<rt>ゆうめい</rt></ruby>だから

2<ruby>番<rt>ばん</rt></ruby>　004

❶ <ruby>面接<rt>めんせつ</rt></ruby>に<ruby>行<rt>い</rt></ruby>きたくないから
❷ アルバイトを<ruby>休<rt>やす</rt></ruby>みたいから
❸ <ruby>面接<rt>めんせつ</rt></ruby>の<ruby>時間<rt>じかん</rt></ruby>を<ruby>忘<rt>わす</rt></ruby>れたから
❹ <ruby>面接<rt>めんせつ</rt></ruby>の<ruby>時間<rt>じかん</rt></ruby>に<ruby>間<rt>ま</rt></ruby>に<ruby>合<rt>あ</rt></ruby>わないから

문제 2

문제2에서는, 우선 질문을 들어주세요. 그 뒤, 문제용지의 선택지를 읽어주세요. 읽는 시간이 있습니다. 그리고 나서 이야기를 듣고 문제용지의 1에서 4중에서 바른 답을 한 개 고르세요.

1番 003

女の人が男の人に道を聞いています。女の人はどうして大きい郵便局へ行きますか。

女　すみません。この近くに郵便局はありませんか。

男　あそこにコスモデパートがありますね。

女　コスモデパート？あの白いビルですか。

男　はい、そうです。郵便局はあの白いビルの後ろです。

女　あ、そうですか。分かりました。

男　あ、でも、今6時ですね。そこの郵便局はもう閉まってるな。

女　え、本当ですか!?

男　え～と、二つ隣の駅に大きい郵便局があって、そこは24時間開いています。

女　二つ隣の駅ですね。行ってみます。ありがとうございました。

여자가 남자에게 길을 묻고 있습니다. 여자는 왜 큰 우체국에 갑니까?

여　실례합니다. 이 근처에 우체국은 없습니까?

남　저기에 코스모 백화점이 있죠.

여　코스모 백화점? 저 하얀 건물입니까?

남　예, 그렇습니다. 우체국은 그 하얀 건물의 뒤입니다.

여　아, 그렇습니까? 알겠습니다.

남　아, 하지만 지금 6시죠? 거기 우체국은 이미 닫았을거야.

여　예, 정말입니까?

남　흠~, 두 정거장 지난 역 근처에 큰 우체국이 있는데, 거기는 24시간 열려 있습니다.

여　두 정거장 지난 역 근처이군요. 가보겠습니다. 고맙습니다.

❶ 근처 우체국은 이미 닫혀 있으니까

❷ 집에서 가까우니까

❸ 역에 간 적이 있기 때문에

❹ 유명하기 때문에

어휘

道 길　聞く 묻다　郵便局 우체국　近く 근처　白い 하얗다　後ろ 뒤　分かる 알다　閉まる 닫히다
本当 정말　隣 근처　駅 역　開く 열리다　有名 유명

정답 ❶

2 番　004

男の人がアルバイトの面接の件で女の人と電話で話しています。パクさんはなぜ電話をしましたか。

男　もしもし、わたくしパクですが。
女　パクさん？ああ、アルバイトの面接の方ですね。
男　はい。今、新宿駅にいるんですが、電車が止まって…。これからタクシーに乗ってそちらに行きたいんですが、少し遅れても大丈夫ですか。
女　ここは上野ですから、新宿からタクシーに乗ると高いですよ。
男　はい。でも、電車が動くのを待っていると、もっと遅くなるので…。
女　あ、そういうことでしたら、気になさらなくても大丈夫ですよ。電車で来てください。
男　分かりました。ありがとうございます。

남자가 아르바이트의 면접 건으로 여자와 전화로 이야기하고 있습니다. 박은 왜 전화를 했습니까?

남　여보세요, 박입니다만.
여　박? 아, 아르바이트의 면접하시는 분이군요.
남　예. 지금, 신주쿠 역에 있습니다만, 전철이 멈추어버려서…. 지금 택시를 타고 거기에 가고싶습니다만, 조금 늦어도 괜찮습니까?
여　여기는 우에노니까 신주쿠에서 택시를 타면 비쌉니다.
남　예. 하지만, 전철이 움직이는 것을 기다리고 있으면 더욱 늦어지니까.
여　아, 그런 경우라면 신경 쓰시지 않아도 괜찮습니다. 전철로 오세요.
남　알겠습니다. 고맙습니다.

❶ 면접하러 가고싶지 않으니까
❷ 아르바이트를 쉬고 싶으니까
❸ 면접시간을 잊었으니까
❹ 면접시간에 맞지 않으니까

어휘

面接 면접　件 건　電話 전화　方 분　駅 역　電車 전철　止まる 멈추다　乗る 타다　少し 조금
遅れる 늦다　気になさる 신경 쓰시다　大丈夫だ 문제없다　高い 비싸다　動く 움직이다　待つ 기다리다
遅い 늦다　分かる 알다

정답 ❹

3. 개요이해(장문청취)-5문제

이 파트는 장문청취이므로 학습자에 따라서는 상당히 어렵게 느끼는 분도 많을 것이다. 그러나 구 시험과는 다르게, 신 시험에서는 전체적인 흐름을 묻는 문제가 출제되므로 구 시험보다는 훨씬 쉽게 정답에 접근할 수 있다. 설명문에서 성우가 가장 많이 언급하고 있는 내용을 찾으면 되는데, 이것은 성우가 단어로서 언급할 수도 있고, 문장으로서 언급할 수도 있다. 하지만, 설명문이 흘러가는 방향은 하나의 테마로 집중되어 있으므로, 부분적인 청취를 놓쳤다고 해도 정답을 찾는데는 큰 지장이 없을 것이다. 이 파트의 문제를 가장 어려운 형식으로 출제된다고 했을 때, 그것은 어떤 것(내용)에 대해서, 말하는 사람이 찬성을 하는지, 반대를 하는지에 대한 문제일 것이다. 하지만, 이 문제도 쉽게 다가갈 수 있는 방법이 있다. 장문청취는 그 형식의 특성 상, 같은 취지의 테마나 목적을 다른 문장으로 반복해서 언급하고 있다는 것이다. 그래서 한 두 단어나, 문장을 놓쳤다고 해도 전체적인 흐름을 파악하고 있으면 정답을 어렵지 않게 찾을 수 있다고 단언하는 것이다. 주로 출제되는 문제의 형태는, 앞 페이지의 예제 문제에서도 밝혔지만, 한번 더 알아보면,

1. 자동응답전화기의 내용

2. 이야기의 주제나 테마

3. 어떤 물건의 특징이나 그 물건에 대한 생각

4. 말하고자 하는 내용

5. 어떠한 주제에 대한 화자의 찬성, 반대의 생각

등이다. 이 파트는 다양한 주제와 다양한 문장이 출제될 것으로 예상되기에 학습자들은 많은 문장을 접하고, 그 문장에 대한 이해, 즉 바로 문장을 듣고 해석을 할 수 있는 능력을 키워야 할 것이다. 바로 이러한 지문이 출제가 된다고 정확하게 예상할 수는 없지마는 문제를 푸는 스킬은 정해져 있다는 것을 알아두도록 하자.

問題3

問題3では、問題用紙に何も印刷されていません。 まず、話を聞いてください。 それから、質問と選択肢を聞いて、1から4の中から、正しい答えを一つ選んでください。

1番  005

- メモ -

2番  006

- メモ -

문제 3

문제3에서는, 문제용지에 아무것도 인쇄되어져 있지 않습니다. 우선 이야기를 들어주세요. 그리고 나서 질문과 선택지를 듣고, 1에서 4중에서 바른 답을 한 개 고르세요.

1番 005

テレビで女の人が風邪薬のコマーシャルをしています。

女　咳が出たらゴホンコール。熱が出たらゴホンコール。咳にも熱にもゴホンコール。効き目はなんと12時間！朝晩食事の後に飲んでね。つらい症状を和らげてくれるよ。でも眠くなる成分が入ってるから車の運転はしないでね。効き目長持ちゴホンコール。薬局薬店でどうぞ。

この風邪薬は一日に何回飲みますか。

❶ 1回
❷ 2回
❸ 3回
❹ 4回

텔레비전에서 여자가 감기약의 선전을 하고 있습니다.

여　기침이 난다면 고홍콜. 열이 난다면 고홍콜. 기침에도 열에도 고홍콜. 효력은 놀랍게도 12시간! 아침저녁 식후에 드세요. 괴로운 증상을 완화시켜 줍니다. 하지만 졸리는 성분이 들어있기 때문에 차 운전은 하지 마세요. 효력이 긴 고홍콜. 약국, 약 판매소에서 구입해 주세요.

이 감기약은 하루에 몇 번 먹습니까?
❶ 1번
❷ 2번
❸ 3번
❹ 4번

어휘

風邪薬 감기약　咳が出る 기침이 나오다　熱 열　効き目 약효　なんと 놀랍게도　朝晩 아침저녁
食事 식사　後 뒤　飲む 약을 먹다　つらい 괴롭다　症状 증상　和らげる 누그러뜨리다　眠い 졸리다
成分 성분　入る 들어가다　車 차　運転 운전　長持ち 오래 지속됨　薬局 약국
薬店 약을 조제할 수 없고, 판매 품목만 취급하는 약국

정답 ❷

2 番　006

工場で男の人が見学者に話しています。

男　皆さん、ご覧ください。ここから実際にビールを作っているところが見られます。さて、ビールは大麦とホップから作られます。大麦は漢字で書くと大きい麦ですが、形が大きいという意味ではありません。これが大麦です。全然大きくないですね。それからこれがホップです。皆さんがビールを飲んだ時に苦い味がしますよね？あの苦い味はホップの味なんですよ。では皆さん、この工場で作られたビールを飲んでみてください。

大麦について正しい説明はどれですか。

❶ 形が大きい
❷ ビールの原料である
❸ 食べることができない
❹ ビールを飲みながら食べるとおいしい

공장에서 남자가 견학자에게 이야기하고 있습니다.

남　여러분 보십시오. 여기에서 실제로 맥주를 만들고 있는 것을 볼 수 있습니다. 그런데 맥주는 대맥과 홉으로 만들어집니다. 대맥은 한자로 쓰면 큰 보리입니다만, 형태가 크다고 하는 의미는 아닙니다. 이것이 대맥입니다. 전혀 크지 않지요? 그리고 이것이 홉입니다. 여러분이 맥주를 마실 때에 쓴맛이 나지요? 그 쓴맛은 홉의 맛인 것입니다. 그럼 여러분, 이 공장에서 만들어진 맥주를 드셔 보십시오.

보리에 대해서 바른 설명은 어느 것입니까?
❶ 형태가 크다
❷ 맥주의 원료이다
❸ 먹을 수가 없다
❹ 맥주를 마시면서 먹으면 맛있다

工場 공장　見学者 견학자　皆さん 여러분　ご覧「見る -보다」의 존경어　実際 실제　作る 만들다
見る 보다　さて 그런데　大麦 보리, 대맥　漢字 한자　書く 쓰다　麦 보리　意味 의미　全然 전혀
苦い 맛이 쓰다　味 맛　形 형태　原料 원료

정답 ❷

4. 즉시응답(질의응답)-12문제

이 파트는 즉시응답형 형식의 문제이다. 어떤 질문이나 생각에 대해서 가장 적절한 대답을 보기의 3개 중에서 찾는 문제인데, 조금이라도 방심하거나 다른 생각을 하면 절대 정답을 찾을 수 없다. 따라서 가장 높은 집중력을 요구하는 파트이기도 하다. 주로 출제되는 문제는,

1. 권유나 부탁

① 〜ていただけませんか？(〜てくださいませんか？) : 〜해 주시지 않겠습니까？

② 〜てもらえるかな？ : 〜해 줄 수 없을까？

2. 상황

① 〜いただけるとありがたいんですが : 〜해 주시면 고맙겠습니다만

② 〜たらこの始末だ : 〜했더니 이런 꼴이야

3. 바램이나 희망

① 〜したいんですが : 〜하고 싶습니다만

② 〜てほしいですが : 〜해 주기를 바랍니다만

4. 공식적으로 사용되는 대화문

① お忙しいところおいでいただき、ありがとうございました

　: 바쁘신 와중에 와 주셔서 감사합니다

② たいしたことはございません : 별 것 아닙니다

5. 질문이나 의문

① 동사부정형+んじゃないでしょうか？ : 〜하지 않는 것은 아닐까요？

② 〜ということでよろしいですか？ : 〜라는 것으로 좋습니까？

6. 본인의 생각

① 명사/형용동사+んじゃない？ : 〜한 것이 아니니？

② 〜たいと思います : 〜하고 싶다고 생각합니다

등이다. 아주 다양한 형태의 질문이 있고, 거기에 맞는 적절한 대답도 다양하게 표현할 수 있다. 따라서 정확히, 이러한 것이 정답이 되고, 이렇게 풀어야만 정답을 빨리 찾을 수 있다고는 확신하기 어렵다. 단지, 어떤 상황에서 가장 많이 사용되는 형식의 대화문을 학습자들이 얼마만큼 많이 알고 있는가 하는 것이 이 파트의 키워드가 될 것이다. 따라서 이 파트는 학습자들이 많은 문제와 많은 대화문을 접하면, 100%는 아니지만, 상당한 수준의 스킬을 익힐 수 있을 것이다. 질문에 대한 대답으로서는 다양한 문장이 나올 수 있지만, 우선은 가장 일반적인 형태로 대답하는 연습을 충분히 해 두도록 하자.

問題 4

問題4では、問題用紙に何も印刷されていません。 まず、文を聞いてください。 それから、それに対する返事を聞いて、1から3の中から、正しい答えを一つ選んでください。

1番  007

- メモ -

2番  008

- メモ -

문제 4

문제4에서는, 문제용지에 아무것도 인쇄되어져 있지 않습니다. 우선 문장을 들어주세요. 그리고 나서 거기에 대한 답변을 듣고, 1에서 3중에서 바른 답을 한 개 고르세요.

1番   007

男 さっき、ここにあった鍵はだれが持って行った？
女 1. 鍵が壊れているんですか。私が新しいのを買っときます。
　 2. 山田さんが、倉庫に何かを取りに行くって言ってましたが。
　 3. いつも変なことを言うからみんな大変ですよ。

남 조금 전에 여기에 있었던 열쇠는 누가 들고 갔어?
여 1. 열쇠가 망가졌습니까? 제가 새로운 것을 사 두겠습니다.
　 2. 야마다 씨가 창고에 뭔가를 가지러 간다고 말했습니다만.
　 3. 항상 이상한 말만 하니까 모두가 힘듭니다.

어휘

さっき 조금 전　鍵 열쇠　〜っけ 의문　壊れる 고장나다, 망가지다　新しい 새롭다　買う 사다
〜とく＝〜ておく ~해 두다　倉庫 창고　取る 찾다, 가지다　変だ 이상하다　大変だ 힘들다

정답 ❷

2番 008

女 山田君、今手が離せないから、ちょっとこの書類のタイプを手伝ってくれる？
男 1. いいですよ。何ページからやればいいんですか。
　 2. そんなことを話したら絶対部長に怒られますよ。
　 3. 大事な書類だから無くさないように気をつけます。

여 야마다 군, 지금 손을 뗄 수가 없으니 잠시 이 서류의 타이프를 도와줄래?
남 1. 좋습니다, 몇 페이지부터 하면 됩니까?
　 2. 그런 말을 하면 절대 부장님께 혼납니다.
　 3. 중요한 서류이니 잃어버리지 않도록 주의하겠습니다.

어휘

手が離せない 손을 뗄 수가 없다, 바쁘다　書類 서류　手伝う 돕다　絶対 절대　部長 부장
怒る 화를 내다　大事だ 중요하다　無くす 잃어버리다　気をつける 주의하다

정답 ❶

5. 종합이해-4문제

이 파트는 두 가지의 문제형식이 있다. 어떤 식의 문제가 출제되는가는 예제문제에서 충분히 설명해 놓았기 때문에 참고로 하자.

먼저 첫 번째 형식에서 성우가 뭔가의 특징을 설명하는데 주로 4개에 관련된 뭔가를 설명한다. 학습자들은 이 4개를 문제용지에 써놓고, 각각의 특징이 무엇인지를 학습자 나름대로의 방식으로 메모를 해 두도록 하자. 만일 이 4개의 특징에 대해서 필기를 해 두지 않으면, 나중에 문제를 들어도, 그것들의 특징이 기억이 나지 않아서 낭패를 볼 수가 있기 때문이다. 이 4개는 온천이 될 수도 있고, 상품이나 제품이 될 수도 있으며, 회사나 사람이 될 수도 있다. 따라서 이러한 것들의 특징에 관한 것을 별도로 메모해 두지 않으면 절대 문제를 풀 수 없다는 것을 명심하도록 하자.

두 번째 형식은 두 명이나 세 명 이상의 성우가 뭔가에 대해서 언급을 하고 있다. 두 명이나 세 명이 생각하고 있는 것이나, 하고자 하는 행동, 원하고 있는 것을 대화문을 들으면서 첫 번째 형식과 마찬가지로 메모를 해 두어야 한다. 다른 파트도 마찬가지이겠지만, 이 파트만큼은 철저히 메모나 필기가 필요하다는 것을 반드시 염두에 두어야 한다. 상품이나 제품, 사람, 물건 등의 특징은 다양하게 이루어져 있으므로 이러한 단어가 반드시 출제된다고는 언급하기가 어렵다. 문제를 푸는 요령만이라도 정확히 알아두는 것이 최선의 선택일 것이다.

問題 5

問題 5 では長めの話を聞きます。 この問題には練習はありません。

1番 009

問題用紙に何も印刷されていません。 まず、話を聞いてください。
それから、質問と選択肢を聞いて、1 から 4 の中から、正しい答えを
一つ選んでください。

- メモ -

2番 010

問題用紙に何も印刷されていません。 まず、話を聞いてください。
それから、質問と選択肢を聞いて、1 から 4 の中から、正しい答えを
一つ選んでください。

- メモ -

문제 5

문제5에서는 조금 긴 이야기를 듣습니다. 이 문제에는 연습은 없습니다.
문제용지에 아무것도 인쇄되어져 있지 않습니다. 우선 이야기를 들어주세요. 그리고 나서, 질문과
선택지를 듣고 1에서 4중에서 바른 답을 한 개 고르세요.

1番　009

子供3人がお母さんの誕生日プレゼントについて話しています。お母さんのプレゼントは何にしますか。

男1　誕生日あさってなのにどうすんだよ。
女　　服とか、香水でいいんじゃない？しょうがないでしょ？決まらないんだし。
男2　でも、俺今月こづかい全部使っちゃったよ。
男1　え、今月は母ちゃんの誕生日なんだから無駄遣いするなって言ったろ。
男2　それはそうなんだけど、使っちゃったもんはしょうがないだろ。前借りできないかな？
男1　無理だよ。プレゼント買うのバレバレだし、意味ないだろ。
女　　マッサージ券にする？去年みたいに…。
男1　去年と一緒はちょっとな…たしか、去年あげたマッサージ券だって全部使わずじまいじゃなかったっけ。
男2　じゃ、俺たち3人で分担して料理とか洗濯全部するってのはどう？いつも全然手伝いしないしさ…。
男1　じゃ、誰が何する？

お母さんのプレゼントは何にしましたか。

❶ 服とか香水
❷ マッサージ券
❸ 家事を分担してする
❹ 去年と一緒のプレゼント

자식 3명이 어머니의 생일 선물에 대해서 이야기하고 있습니다. 어머니의 선물은 무엇으로 합니까?

남1　생일이 모레인데 어떻게 하지?
여　　옷이나 향수로 좋지 않아? 어쩔 수가 없잖아? 정해지지 않아서.
남2　하지만, 나는 이번 달 용돈을 전부 사용해 버렸어.
남1　뭐? 이번 달은 엄마 생일이 있으니까 낭비하지 말라고 말했지?
남2　그건 그렇지만 사용해 버리는 것은 어쩔 수 없잖아. 가불할 수 없을까?

남1　무리야. 선물 사는 것 들킬 것이고, 의미가 없잖아?

여　마사지 상품권으로 할까? 작년처럼….

남1　작년과 같은 것은 좀…아마 작년 드렸던 마사지 상품권 역시 전부 사용하지 않은 것 아냐?

남2　그럼 우리들 3명이 분담해서 요리나 빨래를 전부 하는 것은 어때? 항상 전혀 거들지도 않았고….

남1　그럼 누가 무엇을 할래?

어머니의 선물은 무엇을 합니까?

❶ 옷이나 향수

❷ 마사지 상품권

❸ 집안 일을 분담해서 한다

❹ 작년과 같은 선물

어휘

誕生日 생일　服 옷　香水 향수　決まる 정해지다　俺 나　今月 이번 달　こづかい 용돈　全部 전부

使う 사용하다　無駄遣い 낭비　前借り 가불　無理 무리　バレバレ 들킴　意味 의미　〜券 ~권

去年 작년　명사+ だって ~라도, ~역시　〜ずじまい ~하지 않은 채로　分担 분담　料理 요리

洗濯 세탁　全部 전부　全然 전혀　手伝う 거들다　誰 누구

정답 ❸

2番 🔘 010

会社の仲間たちが昼ごはんについて話しています。何を食べることに決めましたか。

女1　今日何食べる？

男1　何でもいいよ。考えるの面倒だし。

女2　昨日は和食だったでしょ。今日は中華？イタリアン？洋食？麺？ご飯？

女1　カレーはどう？駅前のホテルでインドフェアしてて、ランチバイキングしてたはずだけど。

女2　今日は午後から会議でしょ？だったらカレーはヤバくない？簡単にラーメンとかそばにしない？

男1　あ、そういえば、公園の向かいにコンビニあるじゃん。その隣にラーメン屋できたらしいよ。おいしいかどうかわからないけど。

女1　そこめっちゃおいしいらしいよ。今からだったらまだいいけどちょっと遅くなったら行列らしいから。

女2　だったら早くそこ行ってみようよ。

何を食べることに決めましたか。

❶ コンビニのラーメン
❷ インド料理
❸ ラーメン
❹ ランチバイキング

회사동료들이 점심밥에 대해서 이야기하고 있습니다. 무엇을 먹기로 정했습니까?

여1 오늘 뭐 먹지?

남1 뭐든지 좋아. 생각하는 것 귀찮고.

여2 어제는 일식이었지? 오늘은 중국요리? 이탈리아 요리? 양식? 면? 밥?

여1 카레는 어때? 역 앞의 호텔에서 인도음식 시장을 하는데, 점심을 뷔페로 하고 있어.

여2 오늘은 오후부터 회의가 있지? 그렇다면 카레는 위험하지 않니? 간단하게 라면이나 메밀국수로 하지 않을래?

남1 아, 그러고 보니, 공원 건너편에 편의점이 있잖아? 그 옆에 라면가게가 생긴 것 같아. 맛있는지 어떤지 모르겠지만.

여1 거기 엄청 맛있는 것 같아. 지금 가면 아직 괜찮을 것 같던데, 좀 늦으면 줄을 서야 할 것 같아.

여2 그렇다면 빨리 거기에 가 보자.

무엇을 먹기로 정했습니까?
❶ 편의점 라면
❷ 인도요리
❸ 라면
❹ 점심 뷔페

어휘

仲間 동료　昼ごはん 점심밥　決める 정하다　考える 생각하다　面倒だ 귀찮다　昨日 어제　和食 일식
今日 오늘　中華 중화　洋食 양식　麺 면　駅前 역 앞　フェア 장(場), 품평회　バイキング 뷔페
午後 오후　会議 회의　やばい 위험하다　簡単 간단　公園 공원　向かい 맞은편　隣 옆　めっちゃ 상당히
遅い 늦다　行列 행렬　早く 빨리

정답 ❸

　　대화문을 듣고 그 다음에 행해지는 행동에 관한 문제이므로, 어떤 사람의 행동이나 동작과 관련된 문장을 많이 공부해 두면 도움이 될 것이다. 그래서 본격적으로 연습문제에 들어가기 전에 시험에 자주 출제될만한 문장이나, 기본적으로 학습자들이 알아두어야 할 문장은 반드시 암기해야 할 것이다. 각각의 파트에 나와 있는 문장은 지금까지 시험에 자주 출제되었던 형식의 문장이고, N2를 준비하는 학습자라면 반드시 알아야 할 내용들이다. 차분히 읽으면서 모르는 어휘나 단어는 체크해 두고, 전체적인 문장의 구조에 대해서 이해하도록 하자.

파트 I

(1) 위치, 방향, 장소와 관련된 문장

□ 両側に大きな木が植えてあります。

　　양측에 큰 나무가 심겨져 있습니다.

□ 片側に街灯があって、そのそばに郵便ポストがある。

　　한 쪽에 가로등이 있고, 그 옆에 우체통이 있다.

□ 右側にひげを生やした人が立っています。

　　우측에 수염을 기른 사람이 서 있습니다.

□ 左側には何も置いてないです。

　　좌측에는 아무것도 놓여져 있지 않습니다.

□ 右折すると大きい橋が見えるはずです。

　　우회전하면 틀림없이 큰 다리가 보일 것입니다.

□ 左折して少し行くと横断歩道の手前のほうに花屋があります。

　　좌회전해서 조금만 가면 횡단보도 앞쪽에 꽃집이 있습니다.

□ 左に折って100メートルぐらい行くと三階建てのビルが見えます。

　　왼쪽으로 꺾어서 100미터 정도 가면 3층 짜리 건물이 보입니다.

□ 四つ角を前に見ながら右の方に曲がってください。

　　사거리를 바라보면서 오른쪽으로 돌아주세요.

□ 交差点の手前に駐車場があります。

　　교차로 직전에 주차장이 있습니다.

□ 二股に分かれるところがあります。

　　두 갈래로 나뉘는 곳이 있습니다.

□ 突き当たったら今度は右に曲がってください。

　막 다른 곳에 이르면 이번에는 오른쪽으로 돌아주세요.

□ 駅の手前に郵便局があります。

　역 앞쪽에 우체국이 있습니다.

□ 花屋の先に右に入る路地があります。

　꽃집 앞에 오른쪽으로 들어가는 골목이 있습니다.

□ 角のほうに喫茶店があるんだけど、その斜め前に銀行があります。

　모퉁이 쪽에 커피숍이 있지만 그 대각 앞에 은행이 있습니다.

□ 右端の方にかかとの高いサンダルがあります。

　오른쪽 가장자리 쪽에 발 뒤 굽이 높은 샌들이 있습니다.

□ デパートを背にして右斜めに博物館があります。

　백화점을 등지고 오른쪽 대각에 박물관이 있습니다.

(2) 사람의 겉모습과 자세와 관련된 문장

□ 母はパーマをかけて眼鏡をかけています。

　어머니는 파마를 하고 안경을 쓰고 있다.

□ 半袖を着て髪をゆっています。

　반소매를 입고 머리를 묶고 있습니다.

□ 吉田さんは天然パーマで口ひげを生やしています。

　요시다 씨는 곱슬머리로 콧수염을 기르고 있습니다.

□ 野口さんは髪を真ん中から分けています。

　노구치 씨는 중간 가르마를 하고 있습니다.

□ 部長は丸顔でいつもスーツを着ています。

　부장님은 둥근 얼굴에 항상 정장을 입고 있습니다.

□ 犯人は右のほおに傷跡があります。

　범인은 오른쪽 뺨에 흉터가 있습니다.

□ 体つきはそんなに大きくなかったんです。

　체격은 그렇게 크지 않았습니다.

□ 大柄の人だけど、小さいかばんを持っていました。
큰 몸집을 한 사람이지만, 작은 가방을 들고 있었습니다.

□ サッカー選手としては小柄でした。
축구선수치고는 작은 몸집이었습니다.

□ えり付きのシャツを着て半ズボンを履いています。
깃이 달린 셔츠를 입고 반바지를 입고 있습니다.

□ 袖無しを着てジョギングをしていました。
소매가 없는 옷을 입고 조깅을 하고 있었습니다.

□ 縦じまの長袖はありませんか。
세로 줄 무늬의 긴소매는 없습니까?

□ 横じまの半袖がほしいですが。
가로 줄 무늬의 반소매를 원합니다만.

□ しま模様のズボンを履くと変ですよ。
줄무늬 바지를 입으면 이상합니다.

□ 地味な無地のシャツが好きなんです。
수수한 아무 무늬가 없는 셔츠를 좋아합니다.

□ スーツを着た女性がバッグを下げています。
정장을 입은 여성이 가방을 들고 있습니다.

□ リュックサックを背負うと両手が自由になります。
배낭을 메면 양손이 자유로워집니다.

□ 父親は子供を肩車しています。
아버지는 아이를 목마를 태우고 있습니다.

□ 肩を組んだ二人が向こうから歩いてきます。
어깨동무를 한 두 사람이 건너편에서 걸어오고 있습니다.

□ 足を組んで、ひじはひざにつけてください。
다리를 꼬고 팔꿈치는 무릎에 대 주세요.

□ 母は腕を組んで子供を見つめていました。
어머니는 팔짱을 끼고 아이를 바라보고 있었습니다.

□ 椅子に座ったまま振り向いてください。

의자에 앉은 채로 뒤돌아보아 주세요.

□ 右腕は伸ばし、左腕は下ろします。

오른쪽 팔은 뻗고 왼쪽 팔은 내립니다.

□ 何かを指さしている人が弟です。

뭔가를 손가락으로 가리키고 있는 사람이 남동생입니다.

□ 逆立ちをして、プールに飛び込んだ。

물구나무를 서고 풀장에 뛰어들었다.

□ 赤ちゃんをだっこして (だいて) いるこの絵が気に入っています

아기를 안고 있는 이 그림이 마음에 듭니다.

□ 赤ちゃんをおんぶして (おぶって)家事をしている。

아기를 업고 집안 일을 하고 있다.

□ 体を丸めながら上半身を起こします。

몸을 구부리면서 상반신을 일으킵니다.

(3) 물건의 모양과 관련된 문장

□ 丸みをおびているテーブルがほしいです。

둥그스름한 테이블을 갖고싶습니다.

□ 三角の形をしたマークが逆になっている。

삼각의 모양을 한 마크가 거꾸로 되어 있다.

□ 四角い眼鏡が看板にかけてあります。

네모난 안경이 간판에 걸려 있습니다.

□ 細長い花瓶のほうが素敵です。

가늘고 긴 꽃병 쪽이 멋집니다.

□ 底が平たくて安定感があります。

바닥이 평평해서 안정감이 있습니다.

□ 三枚の絵を縦に並べて壁にかけた。

세 장의 그림을 세로로 벽에 걸었다.

□ 横長の風景画がキッチンに合うと思うわ。
가로로 긴 풍경화가 부엌에 어울린다고 생각해.

□ つぼみが春になって膨らんできた。
꽃봉오리가 봄이 되어 부풀어올랐다.

□ 自動車のドアが何かで凹んでいる。
자동차 문이 무언가로 움푹 들어가 있다.

□ 屋根の尖っているビルが立ち並んでいます。
지붕이 뾰족한 건물이 줄 서 있습니다.

□ 角のほうが丸まっていて安全です。
모서리 쪽이 둥그스름해서 안전합니다.

□ ひざのところにむらができて洗濯した。
무릎 쪽에 얼룩이 생겨 세탁했다.

□ シャツにしわができてアイロンをかけた。
셔츠에 주름이 생겨 다리미질을 했다.

□ 膨らんでいるのよりすっきりした花瓶のほうがいいと思うわ。
통통한 것보다 날씬한 꽃병이 좋다고 생각해.

□ 無地のカップセットがシンプルな感じがしてぴったりだよ。
아무 무늬가 없는 컵 세트가 심플한 느낌이 들어서 딱 좋아.

□ このかばんはかさばっている荷物だと入りにくいよ。
이 가방은 부피가 있는 짐은 넣기 어려워.

□ 手で持つところがないから不便です。
손으로 잡는 부분이 없어서 불편합니다.

□ 両方に肩ひもがあって便利そうだ。
양쪽에 가방 끈이 있어서 편리할 것 같다.

□ ファスナーのかばんのほうが使いやすいです。
지퍼로 된 가방이 사용하기 편합니다.

(4) 그래프와 관련된 문장

□ 売上は三年前から増加しつつあります。

　매상은 3년 전부터 증가하는 중입니다.

□ 輸出は去年から減少傾向を見せています。

　수출은 작년부터 감소경향을 보이고 있습니다.

□ 96年から2000年まで生産高が急増しました。

　96년부터 2000년까지 생산고가 급증했습니다.

□ ここ10年間、輸入量が急減した原因を調べている。

　이 10년 간 수입량이 급감한 원인을 조사하고 있다.

□ 増減を繰り返しながらやや減少傾向を見せている。

　증감을 반복하면서 다소 주는 경향을 보이고 있다.

□ 来年の売上は今年とあまり変動がなさそうです。

　내년의 매상은 올해와 별로 변동이 없을 것 같습니다.

□ 女性社員の割合が全体の30%を占めている。

　여성사원의 비율이 전체의 30%를 차지하고 있다.

□ 年齢は平均して30代が一番多いです。

　연령은 평균해서 30대가 가장 많습니다.

□ 他の会社と比較すると当社の給料は10%ぐらい高いです。

　다른 회사와 비교하면 당사의 급료는 10% 정도 비쌉니다.

□ このグラフは人口の移り変わりを表しています。

　이 그래프는 인구의 변천을 나타내고 있습니다.

□ 去年に比べると伸びが鈍いのが目立ちます。

　작년과 비교하면 증가세가 둔한 것이 눈에 뜨입니다.

□ 輸出量はここ10年間徐々に上昇した。

　수출량은 이 10년 간 서서히 상승했다.

□ 一昨年から急激な増加を見せています。

　재작년부터 급격한 증가를 보이고 있습니다.

□ 大幅な変動はなさそうです。

대폭적인 변동을 없을 것 같습니다.

□ 故障率は15%にも達して問題となった。

고장율이 15%나 달해서 문제가 되었다.

□ 40代以上の社員が過半数を越えた。

40대 이상의 사원이 과반수를 넘었다.

□ 来週から全品4割引いたします。

다음 주부터 전 제품 40% 할인합니다.

□ 決勝線にゴールインした人は半分にも満たなかった。

결승선에 골인한 사람은 반에도 미치지 못했다.

(5) 숫자와 관련된 문장

□ 月に5回の検査があります。

월에 5번의 검사가 있습니다.

□ 日にちはまだ決めてありませんが、だいたい毎月の半ば頃行おうと思います。

날짜는 정해지지 않았지만 대체로 매월 중순 경 행하려고 생각합니다.

□ 応募の締切りは２０日です。

응모의 마감(일)은 20일입니다.

□ 定休日は毎週木曜日です。

정기휴일은 매주 목요일입니다.

□ 月水金は夜遅くまでアルバイトがあります。

월수금은 밤늦게까지 아르바이트가 있습니다.

□ 平日は８時まで仕事があるので時間がとれません。

평일은 8시까지 일이 있기 때문에 시간을 낼 수 없습니다.

□ 土日は外国からお客様がいらっしゃるので出迎えに行きます。

주말은 외국에서 손님이 오셔서 마중하러 갑니다.

□ うちは週五日制だから週末は余裕があります。

우리 회사는 주 5일제이므로 주말은 여유가 있습니다.

□ 週休二日制の会社は増えつつあります。

주 5일제 회사는 늘고 있는 중입니다.

□ 9月の上旬にテストがあります。

9월 상순에 테스트가 있습니다.

□ 5月中旬に連休があります。

5월 중순에 연휴가 있습니다.

□ 4月下旬に新入社員の集まりがあります。

4월 하순에 신입사원의 모임이 있습니다.

□ 月末は会社の決算で忙しいです。

월말은 회사의 결산으로 바쁩니다.

□ 年末は忘年会や同窓会などでほとんど毎日お酒を飲みます。

연말은 송년회나 동창회 등으로 거의 매일 술을 마십니다.

□ 一昨日、会社の飲み会がありました。

그저께 회사의 술 모임이 있었습니다.

□ 昨日はサッカーの試合があって見に行った。

어제는 축구시합이 있어서 보러 갔다.

□ 15日の前日が給料日です。

15일 전날이 월급날입니다.

□ お買い物した翌日にお届けいたします。

쇼핑하신 다음 날에 배달하겠습니다.

□ 重さは50キロを越えないようにしてください。

무게는 50킬로를 넘지 않도록 해 주세요.

□ 体重は60キロに制限致します。

체중은 60킬로로 제한하겠습니다.

□ 身長130センチ以下の方はお乗りできません。

신장 130센티 이하인 분은 탈 수 없습니다.

□ 電話番号の最後の一けたは多分7だと思います。

전화번호의 마지막 한 자리 수는 아마 7이라고 생각합니다.

□ 最後の二けたを逆にしたらいいでしょう。

마지막 두 자리 수를 반대로 하면 좋겠죠.

□ カギの番号は偶数を順番に並べたらどう？

열쇠번호는 짝수를 순서대로 나열하면 어때?

□ 奇数ごとに並べたら分かりやすいでしょう。

홀수로 나열하면 이해하기 쉽겠죠.

청해

청해
실전모의
테스트

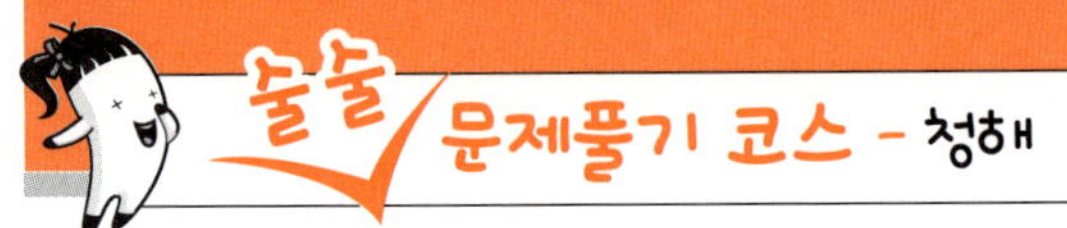

問題 1　問題1では、まず質問を聞いてください。 それから話を聞いて、問題用紙の
1から4の中から、正しい答えを一つ選んでください。

011

1番
❶ 男の人からイヤホンを借りる
❷ ジョギング専用の曲を買う
❸ ウォーキング専用の曲を買いに行く
❹ 男の人と一緒に走る

012

2番
❶ 天ぷら
❷ 焼き肉
❸ 寿司
❹ 何も食べない

3番

❶ お父さんと 3 時の映画を見る
❷ 友だちと 3 時の映画を見る
❸ 友だちと 3 時の前の回の映画を見る
❹ お母さんと 3 時の前の回の映画を見る

4番

❶ 課長に言うだけで済む
❷ 課長に言って適当な紙に書いて出す
❸ 課長に言って書式のある紙に書いて出す
❹ 課長に言って、岡田さんに理由書を出す

청해

청해
실전모의
테스트

5番

❶ 基礎のクラスを 3 ヵ月習う
❷ 中級のクラスを 3 ヵ月習う
❸ 基礎のクラスに入る手続きをする
❹ 中級のクラスに入る手続きをする

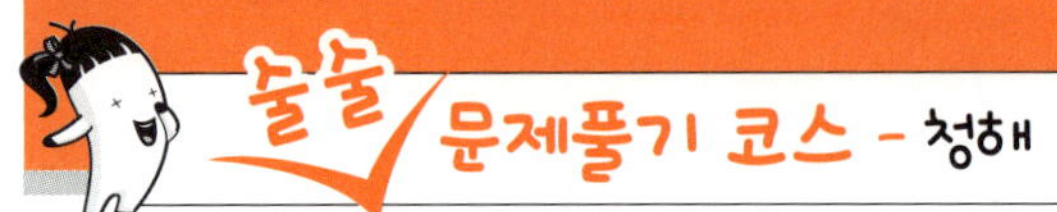

6番

ア.

イ.

ウ.

エ.

オ.

① イとウ
② アとイとウ
③ アとイとウとエ
④ 全部

7番

ア.

イ.

ウ.

エ.

オ.

❶ アとイとウ
❷ アとイ
❸ エとオ
❹ ウとエ

8番

ア.

イ.

ウ.

A.

B.

❶ A→ア　　B→ウ
❷ A→イ　　B→ウ
❸ A→イ　　B→ア
❹ A→ア　　B→イ

9番

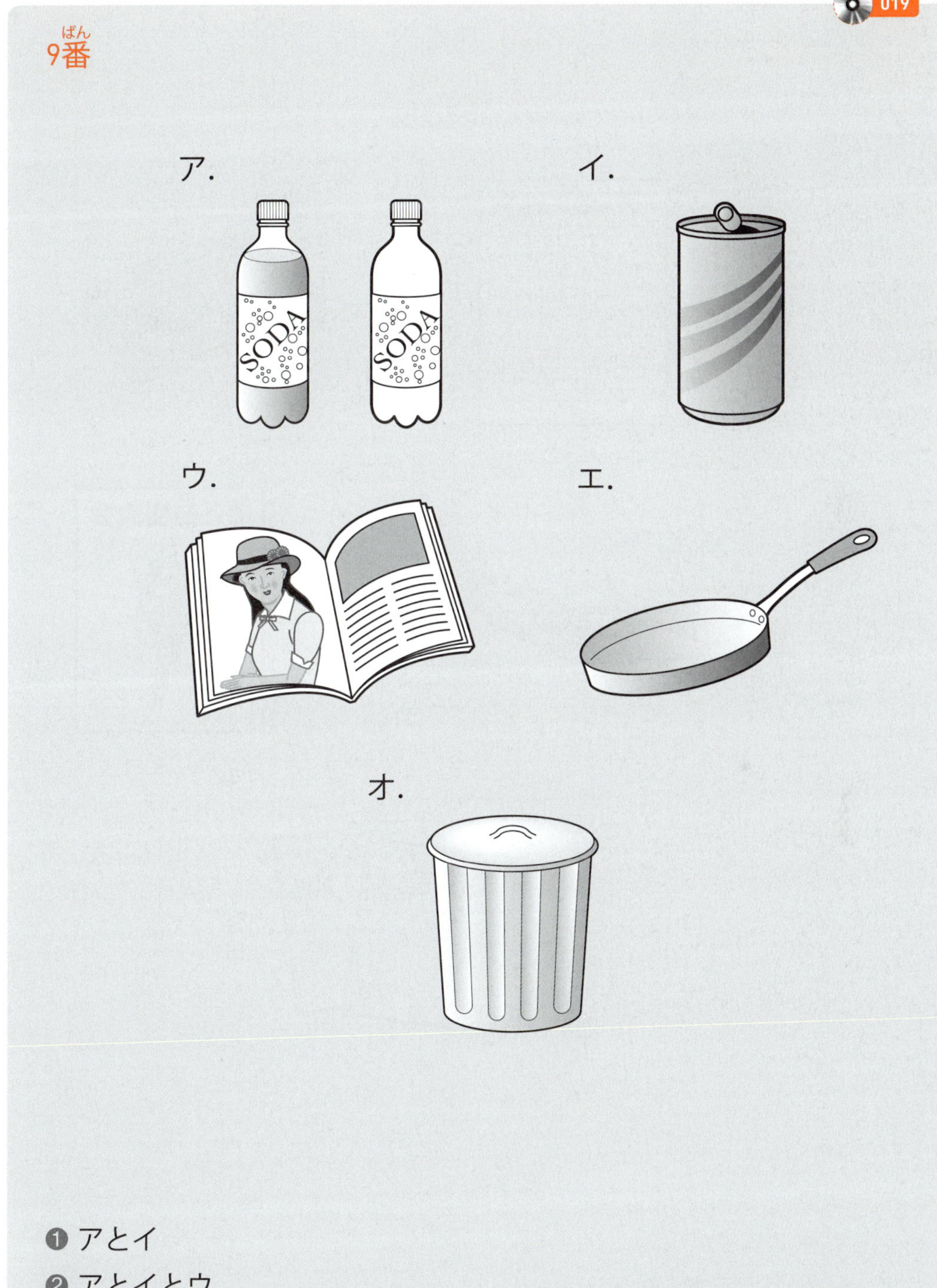

❶ アとイ
❷ アとイとウ
❸ アとイとエ
❹ イとウとエ

10番

ア.
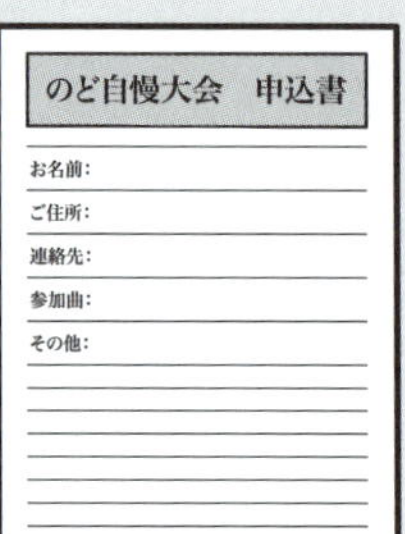

イ.

ウ.

エ.

オ.

① アとイ
② アとウとエ
③ ウとエとオ
④ ウとオ

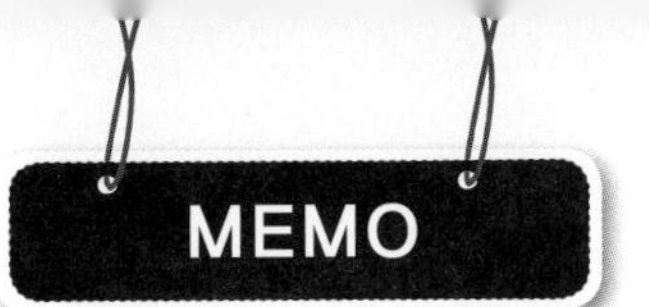

청해
실전모의
테스트

청해 정답
1番 ❸ 2番 ❶ 3番 ❸ 4番 ❸ 5番 ❹
6番 ❷ 7番 ❸ 8番 ❶ 9番 ❸ 10番 ❹

1番 🔵 011

友だち二人が話しています。女の人はこの会話の後、何をしますか。

女：石村君、最近少しお腹が引っ込んだんじゃない？

男：やっぱり分かる？健康のために、毎朝ジョギングしてるんだ。

女：運動は苦手って言ってたのに…。

男：うん。でも、いい物見つけたんだ。あ、ちょっと待って。…これ。

女：イヤホンが付いてるね。

男：うん。これにね、ジョギング専用の曲が入ってるんだ。運動が苦手な人は、呼吸と走るリズムが合わない人が多いんだって。でも、これを聴きながら走ると、自然に合うらしいよ。

女：私みたいに全然運動してない人でも、走れるかな。

男：最初はウォーキングでもいいみたいだよ。ウォーキング専用の曲も売ってるから。

女：へえ、それならいいかも！ねえ、お店の名前教えて。まずはウォーキングから始めるわ。

친구 두 사람이 이야기하고 있습니다. 여자는 이 대화가 끝난 뒤, 무엇을 합니까?

여 : 이시무라 군, 요즘 배가 좀 들어간 것 아냐?

남 : 역시 눈치 챘어? 건강을 위해서 매일 아침 조깅하고 있어.

여 : 운동은 잘 못한다더니…

남 : 응. 그런데 좋은 걸 발견했어. 아, 잠깐만 기다려. 이거.

여 : 이어폰이 달려 있네.

남 : 응. 여기에, 조깅 전용 곡이 들어있어. 운동을 잘 못하는 사람은 호흡하고 달리는 리듬이 맞지 않는 사람이 많대. 하지만 이걸 들으면서 달리면 자연스럽게 맞는대.

여 : 나처럼 전혀 운동을 하지 않은 사람도 달릴 수 있을까?

남 : 처음에는 워킹도 좋대. 워킹 전용 곡도 팔고 있으니까.

여 : 우와, 그러면 좋을지도 몰라! 봐, 가게이름 가르쳐 줘. 우선 워킹부터 시작할 거야.

❶ 남자로부터 이어폰을 빌린다
❷ 조깅 전용 곡을 산다
❸ 워킹 전용 곡을 사러 간다
❹ 남자와 함께 달린다

정답 ❸

어휘 会話 회화, 대화 ～君 ～군 最近 최근
少し 조금 お腹 배
引っ込む 움푹 꺼지다, 쑥 들어가다 体 몸
毎朝 매일 아침 運動 운동
苦手だ 잘 못하다, 서툴다 見つける 발견하다
待つ 기다리다 付く 붙다 専用 전용 曲 곡
入る 들어가다 呼吸 호흡 走る 달리다 合う 맞다
聴く 듣다 自然に 자연스럽게 全然 전혀
最初 처음 売る 팔다 お店 가게 教える 가르치다
始める 시작하다

2番 🔵 012

女の人がアメリカ人のお客さんを夕食に誘っています。二人は何を食べに行きますか。

女：今夜約束ありますか。

男：え…特にありません。

女：ああ、よかった。夕食でもご一緒にいかがですか。

男：いいですね。

女：何か日本食を召し上がったことはありますか。

男：いいえ、実はありません。とてもおいしいと聞いています。

女：魚はお好きですか。

男：ええ、大好きです。

女：それでは、寿司屋に行きましょうか。この辺でとてもおいしい寿司屋を知っていますから。

男：申し訳ありませんが、生魚は食べられないんですが…。

女：あ、そうですか。それは残念です。じゃ、焼き肉や天ぷらなどはいかがですか。天ぷらは魚介類や野菜を揚げたものです。

男：最近歯医者に通っていますので…、焼き肉はちょっと…。

女：じゃ、魚介類と野菜を揚げたものですね。

여자가 미국인 손님을 저녁 식사에 초대하고 있습니다. 두 사람은 무엇을 먹으러 갑니까?

여 : 오늘 밤 약속이 있습니까?

남 : 흠…, 특별히 없습니다.

여 : 아아 다행이다. 저녁식사라도 함께 어떻습니까?

남 : 좋지요.

여 : 뭔가 일본요리를 드셔보신 적은 있습니까?

남 : 아니요, 실은 없습니다. 굉장히 맛있다고 들었습니다.

여 : 생선은 좋아합니까?

남 : 예, 아주 좋아합니다.

여 : 그럼 초밥 집에 갈까요? 이 근처에서 굉장히 맛있는 초밥 집을 알고 있으니까.

남 : 죄송합니다만, 날생선은 못 먹습니다만.

여 : 아, 그렇습니까? 그건 유감스럽네요. 그럼 불고기나 튀김은 어떻습니까? 튀김은 어패류나 채소를 튀긴 것입니다.

남 : 최근 치과에 다니고 있어서, 불고기는 좀….

여 : 그럼 어패류와 채소를 튀긴 것이군요.

❶ 튀김
❷ 불고기
❸ 초밥
❹ 아무것도 먹지 않는다

정답 ❶

어휘 夕食 저녁 식사　誘う 초대하다, 권유하다
今夜 오늘 밤　なさる する –하다 의 존경어
連れる 동반하다　日本食 일식
召し上がる たべる –먹다・のむ –마시다 의 존경어
実は 실은　魚 생선　好きだ 좋아하다
大好きだ 아주 좋아하다　寿司屋 초밥집　辺 주변
申し訳ない 죄송하다　生魚 날 생선　残念 유감
焼き肉 불고기　天ぷら 튀김　魚介類 어패류
野菜 채소　揚げる 튀기다　最近 최근　歯医者 치과
通う 다니다

  013

家で父と娘が話しています。この後、娘はどうしますか。

女：お父さん、今日友だちと映画を見に行ってもいい？

男：まあ、いいけど映画は何時に始まるんだい？

女：3時。6時までには家に帰ってくるから。

男：6時からお母さんの誕生日のパーティーがあるから遅れないようにね。

女：6時から？

男：うん。一週間前からずっと言ってただろう。

女：えっ、映画が終わってから帰ると、ギリギリなんだけど、もしかして道が込むかもしれないし…。どうしよう…。ん〜、じゃ、その前の時間にする。

집에서 아버지와 딸이 이야기하고 있습니다. 이 후, 딸은 어떻게 합니까?

여 : 아빠 오늘 친구랑 영화 보러 가도 돼요?

남 : 흠, 괜찮은데 영화는 몇시에 시작하는 거니?

여 : 3시예요. 6시까지는 집에 돌아올게요.

남 : 6시부터 엄마 생일 파티가 있으니까 늦지 않도록 해라.

여 : 6시부터?

남 : 응. 일주일 전부터 계속 말했잖아.

여 : 우와, 영화가 끝나서 집에 오면, 시간이 아슬아슬 할텐데. 어쩌면 길이 붐빌지도 모르고. 어쩌지? 흠~, 그럼, 그 전 시간 영화를 봐야지.

❶ 아버지와 3시 영화를 본다
❷ 친구와 3시 영화를 본다
❸ 친구와 3시 전 회의 영화를 본다
❹ 어머니와 3시 전 회의 영화를 본다

정답 ❸

어휘 娘 딸　お父さん 아버지　友だち 친구　映画 영화
始まる 시작되다　帰る 돌아오다　誕生日 생일
遅れる 늦다　一週間 일주일　終わる 끝나다
もしかして 어쩌면　道が込む 길이 막히다

4番　 014

会社で、男の社員と女の社員が話しています。社員は、会社を休むとき、どのように知らせますか。

女：野口さん、どうしたの？顔色が悪いよ。

男：昨日から熱が出て、咳もするんですよ。先週スキー場に行ってきてからずっと調子悪くて。

女：あら、まー。早く帰ったほうがいいんじゃないの？

男：でも、今日やらなくちゃならないことがあって、そういうわけにいかないんですよ。でも明日はちょっと休みたいんですけどね。

女：休むときは、とりあえず課長に言って、それから休む理由を紙に書いて提出すれば…。

男：紙は何でもいいんですか。

女：ううん、岡田さんに頼んだら紙をくれるから。ちゃんとした書式があって、それに合わせて書けばいいから。

회사에서 남자 사원과 여자 사원이 이야기하고 있습니다. 사원은 회사를 쉴 때 어떻게 알립니까?

여 : 노구치 씨 무슨 일이야? 안색이 안 좋아.

남 : 어제부터 열이 나고, 기침도 나와요. 저번 주 스키장에 다녀와서 계속 컨디션이 안 좋아서...

여 : 어머, 저런. 빨리 퇴근하는 게 좋지 않아?

남 : 하지만, 오늘 해야 될 일이 있어서, 그럴 수는 없습니다. 하지만 내일은 좀 쉬고 싶은데요.

여 : 쉴 때는 우선 과장님께 말씀드리고, 그리고 쉬는 이유를 종이에 써서 제출하면 돼.

남 : 종이는 아무거나 괜찮습니까?

여 : 아니, 오카다 씨에게 부탁하면 종이를 줄 거야. 제대로 된 서식이 있어서, 거기에 맞춰서 쓰면 돼.

❶ 과장님에게 말하는 것만으로 끝난다
❷ 과장님에게 말하고 적당한 종이에 써 제출한다
❸ 과장님에게 말하고 서식이 있는 종이에 써 제출한다
❹ 과장님에게 말해고 오카다 씨에게 이유서를 제출한다

정답 ❸

어휘　会社 회사　社員 사원　休む 쉬다　知らせる 알리다
　　　顔色 안색　悪い 나쁘다　昨日 어제　熱 열
　　　出る 나오다　咳 기침　先週 지난 주

スキー場 스키장　調子 컨디션, 몸상태　早く 빨리
帰る 돌아오다

～なくちゃ ＝ ～なくては ～않고서는

～わけにはいかない ～수는 없다　課長 과장
理由 이유　紙 종이　提出 제출　頼む 부탁하다
書式 서식　合わせる 맞추다

5番　 015

男の人が英語教室で女の人と相談をしています。この後、男の人はどうしますか。

男：あのう、まだ、英語のクラスに申し込めますか。

女：はい、お金を今日中に払っていただければ。

男：そうですか。あのう、定員はありますか。

女：はい、基礎のクラスは10人で、中級は15人です。

男：英語を 3 カ月ぐらい習ったことがあるんですが。

女：それでは中級のクラスのほうがいいですね。まだ 3 名の余裕があります。でも、締め切りが今日までですので…。

男：そうですか。それでは中級のクラスをお願いします。

남자가 영어 학원에서 여자와 상담을 하고 있습니다. 이 후, 남자는 어떻게 합니까?

남 : 저기, 아직 영어반 신청할 수 있습니까?

여 : 네, 돈을 오늘 중으로 지불하신다면.

남 : 그렇습니까? 저기, 정원은 있습니까?

여 : 네, 기초반은 10명이고 중급은 15명입니다.

남 : 영어를 3개월정도 배운 적이 있습니다만.

여 : 그럼 중급반이 좋겠군요. 아직 3명의 여유가 있습니다. 하지만 마감이 오늘까지라서…….

남 : 그렇습니까? 그럼 중급반을 부탁드립니다.

❶ 기초반을 3개월 배운다
❷ 중급반을 3개월 배운다
❸ 기초반으로 수속을 한다
❹ 중급반으로 수속을 한다

정답 ❹

어휘　英語 영어　教室 교실　申し込む 신청하다
今日中 오늘 중　払う 지불하다　定員 정원
基礎 기초　中級 중급　習う 배우다　余裕 여유
締め切り 마감

入れる 넣다　終わる 끝나다　野菜 채소
全部 전부　切る 자르다　油をひく 기름을 붓다
牛肉 소고기　焼く 굽다　豆腐 두부　たれ 양념장
煮る 삶다　出来上がり 완성　簡単 간단
取り皿 각자가 덜어 먹기 위한 작은 접시　割る 깨다
かき混ぜる (휘저어) 뒤섞다　つける 찍다
生 날 것　大丈夫 문제없음　さつまいも 고구마
焼く 굽다

6番  016

女の人が留学生にすき焼きの作り方を教えていま
す。すき焼き鍋に入れるものはどれですか。

女：どこまで終わった？

男：野菜は全部切ったところ。

女：じゃ、鍋に油ひいて、牛肉をちょっと焼いてから
　　豆腐と野菜入れて。その後、たれを入れてちょっ
　　と煮れば出来上がり。簡単でしょ？

男：思ったより簡単だね。このタマゴは何？

女：それは取り皿に割ってかき混ぜて、すき焼きを
　　食べるときにつけるのよ。

男：生のまま？大丈夫？鍋に入れたほうがよくな
　　い？

女：それじゃおいしくないわよ。

男：このさつまいもは？

女：あとで焼いて食べるわ。

여자가 유학생에게 전골의 만드는 방법을 가르치고 있습니다.
전골 냄비에 넣는 것은 어느 것입니까?

여 : 어디까지 끝났어?

남 : 채소는 전부 잘랐어.

여 : 그럼 냄비에 기름을 붓고, 소고기를 조금 굽고 나서 두부
　　와 채소를 넣어. 그 뒤 양념장을 넣고 조금 삶으면 완성이
　　야. 간단하지?

남 : 생각했던 것보다 간단하군. 계란은 뭐야?

여 : 그건 작은 접시에, (계란을) 깨서 넣고 잘 휘저은 다음 전
　　골을 먹을 때 찍어서 먹는 거야.

남 : 날계란 그대로? 괜찮아? 냄비에 넣는 편이 좋지 않아?

여 : 그럼 맛이 없어.

남 : 이 고구마는?

여 : 나중에 구워서 먹을 거야.

정답 ❷

어휘　留学生 유학생　すき焼き 전골
作り方 만드는 방법　教える 가르치다　鍋 냄비

7番  017

男の人に女の人が就職試験のことについて聞いて
います。男の人がこれから準備しなければならない
ものは何ですか。

女：明日の準備おわった？

男：当たり前だろ、もう子供じゃないんだから…履
　　歴書と成績証明書…、必要な書類は全部そろっ
　　てるよ！

女：Ｙシャツも大丈夫？アイロンかけた？

男：クリーニング屋にある。

女：メガネも忘れないでね。

男：コンタクトで行くから大丈夫。

女：筆記用具は？

男：お〜忘れるところだった。サンキュ〜。

남자에게 여자가 취직시험에 대해서 묻고 있습니다. 남자가 앞
으로 준비해야만 하는 것은 무엇입니까?

여 : 내일 준비 끝났어?

남 : 당연하지, 이제 아이가 아니니까…이력서와 성적증명
　　서…, 필요한 서류는 전부 갖추었어!

여 : 와이셔츠도 괜찮아? 다리미질은 했어?

남 : 세탁소에 있어.

여 : 안경도 잊지마.

남 : 콘택트렌즈를 끼고 갈 거니까 괜찮아.

여 : 필기도구는?

남 : 아, 잊을 뻔했어, 고마워.

정답 ❸

어휘　就職 취직　試験 시험　準備 준비　おわる 끝나다
当たり前だ 당연하다　履歴書 이력서　成績 성적
証明書 증명서　必要 필요　書類 서류　全部 전부

そろう 갖추어지다, 구비되다　大丈夫 괜찮음
忘れる 잊다　筆記 필기　用具 도구
～ところだった ～할 뻔했다

8番  018

旅行のお土産を分けています。誰にどのお土産をあげますか。

女：このお土産誰のにする？

男：ワインは部長。それからシュークリームは会社の人達、このクッキーは親戚とか近所の人に配ろうよ。

女：シュークリームは大丈夫？生ものだけど…。

男：お土産にあげたら喜ばれるかなって思ったんだけど。

女：それはそうだろうけど、生ものはこっちで処理した方がいいんじゃないかな…饅頭だったら日持ちするし大丈夫だけど。

男：そう？じゃ、そうしよう。

여행 선물을 나누고 있습니다. 누구에게 어떤 선물을 줍니까?

여 : 이 선물 누구에게 줄거니?

남 : 와인은 부장님. 그리고 슈크림은 회사사람들, 이 쿠키는 친척이나 이웃 분들께 주자.

여 : 슈크림은 괜찮아? 생크림인데….

남 : 선물로 주면 기뻐하지 않을까 라고 생각했는데.

여 : 그건 그렇지만 생크림은 여기서 처리하는 편이 좋지 않을까…만두라면 시간이 지나도 변하지 않고, 괜찮지만.

남 : 그래? 그럼, 그렇게 하자.

정답 ❶

어휘 旅行 여행　お土産 선물　分ける 나누다　誰 누구
部長 부장　会社 회사　人達 사람들　親戚 친척
近所 이웃　配る 나누어주다　大丈夫 괜찮음
生 날 것, 생　喜ぶ 기뻐하다　処理 처리　饅頭 만두
日持ち 음식이 날짜가 지나도 질이 변하지 않음

9番  019

夫婦が引越しの準備をしています。明日捨てるゴミ

はどれですか。

男：引越しって、思ったより大変だね。

女：そうね。ゴミも思ったよりあるんだね。

男：このペットボトルはどうすんの？

女：それはリサイクルごみで明日捨てるから玄関に置いといて。

男：空き缶も一緒でいいの？

女：うん、それもリサイクルごみ。後この雑誌は空き缶の隣に置いといて。あさっての資源ごみだから。

男：このフライパンはどうすんの？いるの？

女：あ、それも空き缶と一緒にしておいて。同じ日だから。

부부가 이사준비를 하고 있습니다. 내일 버리는 쓰레기는 어느 것입니까?

남 : 이사는 생각보다 힘들군.

여 : 맞아. 쓰레기도 생각보다 많아.

남 : 이 페트병은 어떻게 하지?

여 : 그건 재활용쓰레기로 내일 버릴 테니 현관에 놓아 둬.

남 : 빈 캔도 함께 둬도 돼?

여 : 응, 그것도 재활용쓰레기. 그리고 이 잡지는 캔 옆에 놓아 둬. 모레는 자원쓰레기 수거일이니까.

남 : 이 프라이팬은 어떻게 해? 필요해?

여 : 아, 그것도 빈 캔와 함께 둬, 같은 날 수거하니까.

정답 ❸

어휘 夫婦 부부　引越し 이사　準備 준비
捨てる 버리다　大変だ 힘들다　玄関 현관
置く 두다　～とく ＝ ～ておく ～해 두다
空き缶 빈 캔　一緒 함께　後 나머지, 그리고
雑誌 잡지　隣 옆　資源 자원　同じ 같은　日 날

10番  020

のど自慢大会に出たい人が手続きをしようとしています。この後準備しなければならないものは何ですか。

男：すいません。のど自慢大会に出たいんですけど…。

女：あ、そうですか。必要なものは全てお持ちになり

ましたか。

男：申込書とテープを持ってきました。

女：申込書はこれでいいんですが、今年からテープ
　　は受け付けていないんですよ。ご希望の曲の
　　MP3ファイルかCDをお持ちください。あと、証
　　明写真も2枚要ります。

男：そうなんですか。

女：のど自慢大会に必要な書類はこちらのパンフ
　　レットに書いてあります。お持ちになってくださ
　　い。

男：ありがとうございます。

노래자랑대회에 나가고 싶어 하는 사람이 수속을 하려고 하고
있습니다. 이 후 준비해야만 하는 것은 무엇입니까?

남 : 실례합니다. 노래자랑대회에 나가고 싶습니다만….

여 : 아 그렇습니까? 필요한 것은 모두 들고 오셨습니까?

남 : 신청서와 테이프를 가지고 왔습니다.

여 : 신청서는 이것으로 괜찮습니다만, 올해부터 테이프는 접
　　수하고 있지 않습니다. 희망하는 곡의 MP3파일이나 CD
　　를 들고 오세요. 그리고 증명사진도 두 장 필요합니다.

남 : 그렇습니까?

여 : 노래자랑대회에 필요한 서류는 이쪽의 팜플렛에 쓰여 있
　　습니다. 들고 가세요.

남 : 고맙습니다.

정답 ❹

어휘　のど自慢大会 노래자랑대회　出る 나가다

　　　手続き 수속　準備 준비　必要 필요　全て 전부

　　　持つ 들다, 가지다

　　　お + 동사ます형 + になる 존경표현

　　　申込書 신청서　今年 올해　受け付ける 접수하다

　　　希望 희망　曲 곡　証明 증명　写真 사진

　　　要る 필요하다

이유나 원인과 관련된 문장

□ 男性が『仕事だから仕方ないだろう』と言うのを聞きますが、本当に仕方ない事が多いのでしょうか。

남성이 『일이기 때문에 어쩔 수 없지 않니?』라고 말하는 것을 듣습니다만, 정말로 어쩔 수 없는 일이 많은 것입니까?

□ あなたももう大人なんだから、社会に出てしっかりしないといけませんよ。

당신도 이제 어른이니까 사회에 나가서 똑바로 하지 않으면 안 됩니다.

□ 世界にあなたは一人しかいないのだから自信をもってあなた自身で踏み出して行きなさい。

세상에 당신은 혼자밖에 없으니 자신감을 가지고 당신 스스로 내딛어 나가라.

□ 僕はそのことを全然知らなかったから仕方ないでしょう？

나는 그 일을 전혀 몰랐기 때문에 어쩔 수 없죠?

□ 彼はいつも変なことを言うんだからみんなに嫌われているんですよ。

그는 항상 이상한 말을 하니까 모두에게 미움을 받는 것입니다.

□ パーティーに出席したいと思っていたんだけど、どうしても断れない用事があってさ…。

파티에 출석하고 싶다고 생각했지만 도저히 거절할 수 없는 볼일이 있어서….

□ 行きたい気持ちは山々なんだけど、お酒を飲んではいけないと医者に言われて…。

가고싶은 마음은 굴뚝같지만 술을 마셔서는 안 된다고 의사에게 들어서….

□ お母さんが旅行に行ったから夕飯を作ってくれる人が誰もいないと思って食べて来たんだ。

엄마가 여행가서 저녁밥을 해 줄 사람이 아무도 없다고 생각하여 먹고 왔어.

□ 結婚したいんだけど、彼がまだ就職してないからできないんですよ。

결혼하고 싶지만 그가 아직 취직하지 않았기 때문에 못 합니다.

□ 夫婦だからといって何の秘密もないってわけではないでしょう。

부부라고 해서 아무런 비밀도 없는 것은 아니겠지요.

□ 花見に行きたいけど、一緒に行く人が誰もいないから止めることにした。

꽃놀이하러 가고싶은데 함께 갈 사람이 없어서 그만두기로 했다.

□ もし事故にあったら大変なので、運転は止した方がいいよ。

만일 사고를 당하면 큰일이니 운전은 그만 두는 편이 좋아.

□ プロなんだからそれくらいのことで驚くことはないだろう。

프로이니까 그 정도의 일로 놀랄 필요는 없잖아?

□ 音楽が得意だからといってカラオケが上手とは限りませんよね。

음악을 잘 한다고 해서 가라오케를(노래를) 잘한다는 것은 아닙니다.

□ 子供だから許されるとはないよ。ちゃんとやりなさい。

아이이니까 용서받을 일은 없어. 똑바로 해.

□ 長男だから稼ぐのは当たり前だと思うのはもう昔のことだよ。

장남이니까 돈 버는 것은 당연하다고 생각하는 것은 이미 옛날 일이야.

□ 私の母国語は英語だから何かわからないことがあったらいつでも聞いてね。

나의 모국어는 영어이니까 뭔가 모르는 것이 있으면 언제든지 물어.

□ 私は長女だから、母親に厳しく育てられたの。だからあなたにも同じことをするんだ。

나는 장녀이니까 어머니로부터 엄격하게 길러졌어. 그래서 너에게도 같은 일을 하는 거야.

□ 成人したのだからいつまでも親のせいにするなと父親に言われたよ。

성인이 되었으니까 언제까지나 부모 탓으로 하지마 라고 아버지께 들었어.

□ 100円の買い物でクレジットカード使うなんて後ろで待っている人に迷惑だからやめてほしいよ。

100엔의 쇼핑으로 신용카드를 사용하는 것은 뒤에서 기다리고 있는 사람에게 민폐이니 그만두기를 바래.

□ 地球上には多くの人間がいるんだからどんな人がいいかどんな人が悪いかは一目では分かりませんよ。

지구상에는 많은 인간이 있기 때문에 어떤 사람이 좋은 사람인지, 어떤 사람이 나쁜 사람인지 한눈으로는 알 수 없습니다.

□ 最近、「お客様」だから何しても良いみたいな感じの人が多くなったようだ。

최근에 「손님」이니까 무엇을 해도 된다는 느낌의 사람이 많아진 것 같다.

□ カウンセラーが人の話をじっくり聴けるのは仕事だからなんですよね。

카운슬러가 다른 사람의 이야기를 느긋하게 들을 수 있는 것은 직업이기 때문이죠.

□ 一週間前から約束していたことなので今度の集まりには行けそうもありません。

일주일 전부터 약속한 일이어서 이번 모임에는 갈 수 있을 것 같지도 않습니다.

□ 朝が弱いからいつも遅刻したりして上司に叱られていますよ。

아침에 일어나는 것이 힘들어서 항상 지각을 하거나 해서 상사에게 혼나고 있습니다.

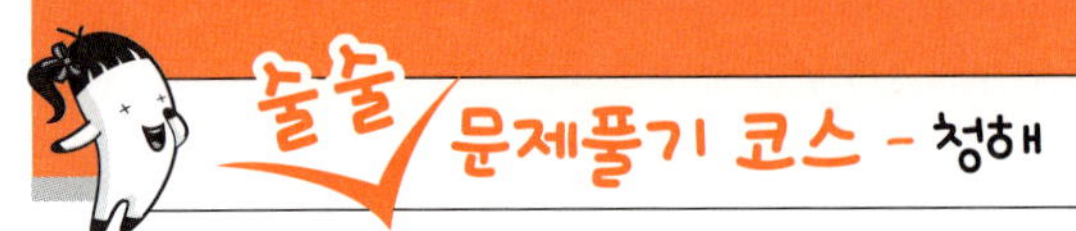

 問題2では、まず質問を聞いてください。 そのあと、問題用紙の選択肢を 読んでください。 読む時間があります。 それから話を聞いて、問題用紙の1から4の中から、正しい答えを一つ選んでください。

1番

❶ 降りるのを忘れるから
❷ 眠れないから
❸ 英語が難しいから
❹ 電車の中で笑いたくなるから

2番

❶ 人数が多いから
❷ 出発まで一週間しか残ってないから
❸ 出発まで十日しか残ってないから
❹ 電話での問い合わせだから

3番

❶ いつも弟が変なことを言うから
❷ 息子が全然手伝ってくれないから
❸ 玄関の門が壊れているから
❹ 植木鉢が引っくり返っているから

청해

청해
실전모의
테스트

4番

❶ この辺の地図を持ってないから
❷ 女の人が間違った駅を教えたから
❸ 男の人が降りる駅を間違えたから
❹ 交差点を渡ってないから

 025

5番

① 帰りが遅いから
② テレビを見すぎたから
③ 夜遅く寝るから
④ 原因が分からない

026

6番

① 問題はやさしいけど量が多すぎる
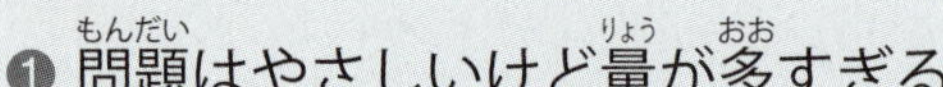
② 量はもとより問題も難しすぎる

③ 問題は難しいけど量は少ない
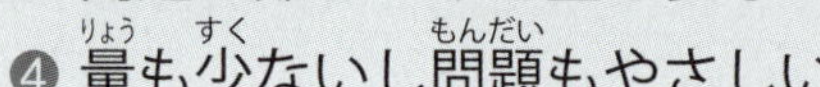
④ 量も少ないし問題もやさしい

7番

❶ 桜前線は北へ進むが、梅雨前線はその逆である
❷ 桜前線は南へ進むが、梅雨前線はその逆である
❸ 北海道には、桜前線はあるが梅雨前線はない
❹ 北海道には、梅雨前線はあるが桜前線はない

청해

청해
실전모의
테스트

8番

❶ トイレットペーパー

❷ パソコン

❸ 花

❹ 書籍

9番

❶ 大型化

❷ スーパーとの一本化

❸ 低価格化

❹ スーパーとの差別化

10番

❶ 今月から上げる

❷ 今のまま変えない

❸ 来月から上げる

❹ 今月から下げる

MEMO

청해 정답

1番 ❶　2番 ❷　3番 ❷　4番 ❸　5番 ❹

6番 ❷　7番 ❸　8番 ❶　9番 ❹　10番 ❷

1番　021

先生と男の学生が話しています。男の学生が「おもしろすぎる漫画はだめですね」と言ったのはなぜですか。

女：安部さん、今日遅刻しましたよね？

男：え？分かりましたか。静かに教室に入って行ったんですが。

女：分かりましたよ。安部さんの家は遠いんですか。

男：はい、ちょっと…。電車で40分かかります。

女：あ〜、40分は大変ですね。

男：あ、でも、いつも電車の中で漫画を読んでいるので、けっこう楽しいですよ。英語の勉強にもなりますし。

女：へえ。英語の漫画を見るんだ！

男：はい、でも、おもしろすぎる漫画はだめですね。降りるのを忘れますから。

女：あ〜。それで遅刻したんですか。

男：はい。明日から気をつけます。

선생님과 남학생이 이야기하고 있습니다. 남학생이 '너무 재미있는 만화는 안 됩니다'고 말했던 것은 왜입니까?

여 : 아베 씨, 오늘 지각했지요?

남 : 네? 아셨습니까? 조용히 교실로 들어갔는데.

여 : 알았어요. 아베 씨의 집은 멉니까?

남 : 네, 좀…. 전철로 40분 걸립니다.

여 : 아~ 40분은 힘들겠군요.

남 : 아, 하지만, 항상 전철 안에서 만화책을 읽고 있기 때문에, 꽤 즐거워요. 영어 공부도 되고.

여 : 네? 영어 만화책을 보는군요.

남 : 예, 하지만 너무 재미있는 만화는 안 되고요. 내리는 것을 잊어버리니까.

여 : 아~, 그래서 지각한 겁니까?

남 : 네. 내일부터 주의하겠습니다.

① 내리는 것을 잊어버리기 때문에

② 잠들지 못하기 때문에

③ 영어가 어려우니까

④ 전철 속에서 웃고 싶어지기 때문에

정답 ❶

어휘　漫画 만화　遅刻 지각　分かる 알다

静かだ 조용하다　教室 교실　入る 들어가다　家 집

遠い 멀다　電車 전철　大変だ 힘들다　読む 읽다

けっこう 상당히　楽しい 즐겁다　英語 영어

勉強 공부　降りる 내리다　忘れる 잊다

気をつける 주의하다

2番　022

男の人がチケットの払い戻しのために駅の窓口で話しています。チケットはどうして全額払い戻せませんか。

男：この旅行のチケット、払い戻しできますか。

女：ご出発の日が迫っていますので、全額ではありませんが…。

男：え？!!出発の一週間前なのに全額は無理ですか。

女：すみません。十日前までは全額できますが、三日前までだと３分の２しかお返しできません。

男：あ〜、そうなんですか。じゃ仕方ないか。はい、これです。

女：東京まで大人２枚と子供１枚ですね。かしこまりました。

남자가 티켓 환불 때문에 역 창구에서 이야기하고 있습니다. 티켓은 어째서 전액을 환불받지 못합니까?

남 : 이 여행 티켓, 환불해 줄 수 있습니까?

여 : 출발 일이 가까워지고 있어서 전액은 아니지만…….

남 : 예?!! 출발 일주일 전인데 전액은 무리입니까?

여 : 죄송합니다. 10일 전까지는 전액 가능합니다만, 3일 전까지는 3분의 2밖에 환불이 불가능합니다.

남 : 아, 그렇습니까? 어쩔 수 없군. 예, 이 티켓입니다.

여 : 도쿄까지 어른 2장과 아이 1장이네요. 알겠습니다.

❶ 인원수가 많기 때문에
❷ 출발까지 일주일 밖에 남지 않았기 때문에
❸ 출발까지 10일 밖에 남지 않았기 때문에
❹ 전화로의 문의이기 때문에

정답 ❷

어휘 払い戻し 환불　駅 역　窓口 창구　全額 전액
　　　旅行 여행　出発 출발　日 날　迫る 다가오다(가다)
　　　一週間前 일주일 전　無理 무리　十日 10일
　　　仕方ない 어쩔 수 없다　枚 장

3番  023

家でお母さんと息子が話しています。お母さんはどうして怒っていますか。

女：どうしたの？玄関、砂だらけじゃない！
男：さっき、弟が植木鉢引っくり返しちゃって…。
女：もうー、いつもそそっかしいんだから。一郎もちょっと片付けてもいいんじゃない？お母さんはいつも家事で忙しいのよ。
男：ごめんなさい。でも僕だって来週から試験だから手が離せないし、それに、砂だらけになったのもつい１分前だし。
女：いつもそう言いながらやらないじゃない？たまにはお母さんを手伝ってよ。
男：はいはい、分かりました。

집에서 어머니와 아들이 이야기하고 있습니다. 어머니는 어째서 화내고 있습니까?

여 : 이게 어떻게 된 거야? 현관 모래투성이잖아.
남 : 아까 동생이 화분을 뒤집어서.
여 : 참, 항상 덜렁댄다니까. 이치로 네가 좀 치워도 되잖아. 엄마는 항상 집안 일로 바쁘잖니.
남 : 죄송해요. 하지만 나도 다음 주부터 시험이라서 그럴 시간이 없고, 게다가 모래투성이가 된 것도 고작 1분전이에요.
여 : 항상 그렇게 말하면서 안 하잖니? 가끔씩은 엄마를 도와줘.
남 : 네네, 알았어요.

❶ 항상 남동생이 이상한 말을 하기 때문에
❷ 아들이 전혀 도와주지 않기 때문에

❸ 현관문이 고장났기 때문에
❹ 화분이 뒤집어져 있기 때문에

정답 ❷

어휘 息子 아들　怒る 화를 내다　玄関 현관　砂 모래
　　　〜だらけ 〜투성이　さっき 조금 전　弟 남동생
　　　植木鉢 화분　引っくり返す 뒤집다, 뒤엎다
　　　そそっかしい 덜렁대다
　　　片付ける 치우다, 정리하다　家事 가사
　　　忙しい 바쁘다　僕 나
　　　명사+ だって 〜라도, 〜역시　来週 다음 주
　　　試験 시험　手が離せない 손을 뗄 수가 없다
　　　たまには 가끔　手伝う 돕다, 거들다

4番  024

電話で男の人が女の人に道を聞いています。男の人はどうして道に迷っていますか。

男：もしもし中田さん、道に迷ってしまったんですけど。
女：えっ、今、どちらですか。迎えに行きますよ。
男：いえいえ、地図を持っていますから、もうちょっと詳しく教えてください。今、サクラ銀行がある交差点の前にいるんです。あ、郵便局も見えます。
女：えっ、この辺にサクラ銀行はありませんけど…。
男：おかしいな。ちゃんと横浜駅で降りたんですよ。
女：あ、横浜駅ですか。当社は横浜駅の一つ手前の桜木町駅です。
男：あ、そうですか。じゃここから戻るしかないですね。

전화로 남자가 여자에게 길을 묻고 있습니다. 남자는 어째서 길을 잃었습니까?

남 : 여보세요, 나카다 씨, 길을 잃어 버렸습니다만.
여 : 지금 어디세요? 마중 나갈게요.
남 : 아뇨, 지도를 가지고 있으니까, 좀 더 자세히 가르쳐 주세요. 지금 사쿠라 은행이 있는 교차로 앞에 있습니다. 아, 우체국도 보입니다.
여 : 예? 이 근처에 사쿠라 은행은 없는데요.

남 : 이상하네. 틀림없이 요코하마 역에서 내렸는데.

여 : 아, 요코하마 역이라구요? 저희 회사는 요코하마 역에서
하나 전인 사쿠라기쵸 역입니다.

남 : 아, 그렇습니까? 그럼, 여기에서 돌아갈 수밖에 없겠군
요.

남자는 어째서 길을 잃은 것입니까?

❶ 이 부근의 지도를 가지고 있지 않기 때문에

❷ 여자가 역을 잘못 알려줬기 때문에

❸ 남자가 내릴 역을 틀렸기 때문에

❹ 교차로를 건너지 않았기 때문에

정답 ❸

어휘 電話 전화　道 길　聞く 묻다　道に迷う 길을 잃다
迎える 환영하다, 맞이하다
参る 行く –가다 · 来る –오다 의 겸양어　地図 지도
持つ 가지다, 들다　詳しい 상세하다, 자세하다
教える 가르치다　銀行 은행　交差点 교차로
郵便局 우체국　辺 주변　おかしい 이상하다
ちゃんと 분명히　駅 역　降りる 내리다
当社 당사　手前 앞쪽　戻る 되돌아가다
～しかない ～밖에 없다

5番　025

会社で男の人と女の人が話しています。男の人はど
うして朝早く起きられませんか。

女：この会社に入ってもう6カ月経ったね。

男：うん、最初は大変だったけど、今はだいぶ仕事
に慣れてきたよ。でもさ、朝の通勤がね。

女：うん、通勤電車がこんなに込むとは全然思わな
かったわ。

男：それより僕は起きるのが大変なんだけどね。

女：テレビの見すぎじゃない?

男：違うよ。僕は朝弱くて、いくら早く寝ても朝はつ
らいんだよ。

女：そんなことないでしょう。夜早く寝れば朝早く起
きるし。

男：え～、そう?おかしいな。最近全然テレビも見な
いし、11時前にはちゃんと寝るんだけど。

회사에서 남자와 여자가 이야기하고 있습니다. 남자는 어째서
아침 일찍 못 일어납니까?

여 : 이 회사에 입사한지 벌써 6개월이 지났네.

남 : 응, 처음엔 힘들었지만, 지금은 꽤 일에 익숙해 졌어. 하지
만 아침 출근이 말이야.

여 : 응, 통근전철이 이렇게 붐빌 것이라고는 생각 못했어.

남 : 그것보다 나는 일어나는 게 힘들어.

여 : TV 너무 보는 거 아냐?

남 : 아니야. 나는 아침에 약해서 아무리 일찍 자도 아침에
는 힘들어.

여 : 그럴 리가 없어. 밤에 일찍 자면 아침에 일찍 일어나는
법이야.

남 : 아~ 그래? 이상하네. 최근에는 전혀 TV도 보지 않고 11시
전에는 꼭 자는데 말야.

❶ 귀가가 늦기 때문에

❷ TV를 너무 보았기 때문에

❸ 밤에 늦게 자기 때문에

❹ 원인을 모른다

정답 ❹

어휘 会社 회사　朝早く 아침 일찍　起きる 일어나다
入る 들어오다　経つ 경과하다　最初 처음
迷う 헤매다　だいぶ 상당히　仕事 일
慣れる 익숙해지다　通勤 통근　電車 전철
込む 붐비다　全然 전혀　僕 나　大変だ 힘들다
違う 다르다
いくら～ても (でも) 아무리～라도(해도)　夜 밤
寝る 자다　最近 최근

6番　026

友だち二人がレポートについて話しています。女の
人は宇野先生の課題についてどう思っていますか。

女：明日までの歴史のレポートが終わらないよ。

男：何か問題でもあるの?

女：だいたいさ、宇野先生のレポートは量はもちろ
ん難しすぎるんだもん。

男：だから言ったじゃないか、宇野先生の授業は厳
しいって。

女：言うこと聞いとけばよかった。

男：何か手伝うことある？

女：うん。量は何とかできるけど、この問題はどうしても解けないわ。

男：よし、じゃ、今日の放課後に図書館でね。

친구 두 사람이 리포터에 대해서 이야기하고 있습니다. 여자는 우노 선생님의 과제에 대해서 어떻게 생각하고 있습니까?

여 : 내일까지 제출해야 할 역사 리포트가 안 끝나겠어.

남 : 뭔가 문제라도 있어?

여 : 대체로 말이야. 우노 선생님 리포트는 양은 물론이고 너무 어려운 걸.

남 : 그러니까 말했잖아, 우노 선생님 수업은 까다롭다고.

여 : 충고 들었으면 좋았을걸.

남 : 뭐 도와줄 거 있어?

여 : 응. 양은 어떻게든 하겠는데, 이 문제는 도저히 못 풀겠어.

남 : 좋아. 그럼, 오늘 방과후에 도서관에서 (만나자).

❶ 문제는 쉽지만 양이 너무 많다
❷ 양은 물론 문제도 너무 어렵다
❸ 문제는 어렵지만 양은 적다
❹ 양도 적고 문제도 쉽다

정답 ❷

어휘 課題 과제　歴史 역사　終わる 끝나다　問題 문제
だいたい 대체로　量 양
〜はもちろん 〜은 물론　難しい 어렵다
授業 수업　厳しい 엄격하다, 힘들다
手伝う 돕다, 거들다　何とか 어떻게든　解く 풀다
放課後 방과후　図書館 도서관

7番 　027

先生と高校生の女の子が話しています。桜前線と梅雨前線の違いは何ですか。

女：先生、「桜前線」って何ですか。

男：桜の開花予想日を日本列島の地図上に線を引いて表したものです。

女：「開花」って花が咲くっていう意味ですか。

男：そうです。

女：じゃ、南から徐々に開花していくので、北海道に

引かれた線は一番日付が遅いんですね。

男：ええ、そうです。リーさんは梅雨前線という言葉を聞いたことがありますか。

女：えーっと、梅雨って「つゆ」のことですか。

男：そうです。梅雨前線も南から徐々に北へ進むんですよ。

女：桜前線と同じですね。

男：ちょっとだけ違います。北海道には「つゆ」がないので、梅雨前線もないんですよ。

女：へえ、そうなんですか。

선생님과 여자 고등학생이 이야기하고 있습니다. 사쿠라 전선과 장마전선의 차이는 무엇입니까?

여 : 선생님 '사쿠라전선'이 무엇입니까?

남 : 벚꽃 개화 예정일을 일본열도 지도상에 선을 그어 표시한 것입니다.

여 : '개화'란 꽃이 핀다고 하는 뜻입니까?

남 : 그렇습니다.

여 : 그럼, 남쪽에서 서서히 개화해 가기 때문에, 홋카이도에 그려진 선은 가장 날짜가 늦은 거군요.

남 : 예, 그렇습니다. 이 씨는 장마전선이라는 말을 들은 적 있습니까?

여 : 「ばいう」라는 것은 「つゆ」를 말하는 겁니까?

남 : 그렇습니다. 장마전선도 남쪽에서 서서히 북쪽으로 진행되는 거예요.

여 : 사쿠라전선과 같군요.

남 : 조금 다릅니다. 홋카이도에는 '장마'가 없기 때문에 장마전선도 없는 거예요.

여 : 네, 그렇습니까?

❶ 사쿠라전선은 북쪽으로 진행되나, 장마전선은 그 반대이다
❷ 사쿠라전선은 남쪽으로 진행되나, 장마전선은 그 반대이다
❸ 홋카이도에는 사쿠라전선은 있으나, 장마전선은 없다
❹ 홋카이도에는 장마전선은 있으나 사쿠라전선은 없다

정답 ❸

어휘 高校生 고등학생　桜前線 벚꽃이 피는 시기를 알려
주는 장마전선 같은 것　梅雨 장마　違い 차이
開花 개화　予想日 예상일　列島 열도
地図上 지도 상　線を引く 선을 긋다
表す 표현하다　咲く 피다　意味 의미　南 남쪽

徐々に 서서히　北海道 홋카이도　一番 가장

日付 날짜　遅い 늦다　言葉 말　つゆ 장마

北 북쪽　進む 진행되다　同じ 같음

8番  028

電話で友だち二人が話しています。男の人が話して
いたネットスーパーで買える物はどれですか。

女：もしもし、田中ですが。

男：あ、田中さん。

女：クラスの友だちから退院したって聞いたんだけ
　　ど、骨折は治ったの？

男：うん、骨の方は大丈夫。でも、これから歩く練習
　　をしないといけないんだ。

女：そっか。がんばらないとね。あ、ねえ、お腹すいて
　　ない？何か買って行こうか。

男：大丈夫、ネットスーパーで買い物して、商品を自
　　宅まで届けてもらってるから。

女：へえ。そういうのがあるんだ。

男：うん。食料品とか日用雑貨に限るけど、インター
　　ネットで注文できるから便利なんだ。特売品も
　　あるんだよ。

女：それなら町のスーパーと変わらないわね。

전화로 친구 두 사람이 이야기하고 있습니다. 남자가 말한 인
터넷 슈퍼에서 살 수 있는 것은 어느 것입니까?

여 : 여보세요. 다나카인데.

남 : 어, 다나카.

여 : 반 친구들로부터 퇴원했다고 들었는데, 골절은 나았어?

남 : 응, 뼈는 괜찮아. 하지만, 이제부터 걷는 연습을 해야만
　　해.

여 : 그렇구나. 열심히 해야겠네. 아, 저기 배고프지 않아? 뭐
　　라도 사 갈까?

남 : 괜찮아, 인터넷 슈퍼에서 장 봐서, 상품을 집까지 배달
　　해 주니까.

여 : 우와. 그런 게 있었어?

남 : 응. 식료품이나 일용잡화에 한하지만, 인터넷으로 주문할
　　수 있어서 편리해. 특매품도 있어.

여 : 그럼 집 근처 슈퍼와 별다르지 않네.

① 화장실 휴지

② 컴퓨터

③ 꽃

④ 서적

정답 ①

어휘 買う 사다　友だち 친구　退院 퇴원　聞く 듣다

骨折 골절　治る 낫다　骨 뼈　方 쪽

大丈夫だ 문제없다　歩く 걷다　練習 연습

がんばる 열심히 하다　お腹すく 배고프다

買い物 쇼핑　商品 상품

届ける 배달하다, 도달하다　食料品 식료품

日用 일용　雑貨 잡화　〜に限る 〜에 한하다

注文 주문　便利 편리　特売品 특매품　町 마을

変わる 다르다

9番  029

見学に来た学生と担当者が話しています。担当者
は、今コンビニに必要なことは何だと言っています
か。

女：今コンビニ業界で地殻変動が起きていると聞
　　きましたが、具体的にはどのようなことでしょう
　　か。

男：え〜と、それはコンビニの存在価値を問い直し
　　て、新たな価値を作り出そうとしている会社が
　　増えているということです。

女：24時間営業で便利とか、お弁当が買えて便利と
　　か。私はこれらが存在価値だと思っていました
　　が、そうじゃなくなってしまうということですか。

男：いえ、いま言っていただいた点は変えません。
　　ただ、大手スーパーも24時間営業に切り替えて
　　いるところが増えていますし、弁当も品数が豊
　　富で値段の安い物がどんどん出てきています。
　　スーパーとの違いをはっきりさせることが必要
　　なんです。

女：違い、ですか。具体的に教えていただけますか。

男：たとえば、弁当のコーナーにお年寄り向けのス
　　ペースを設置したり、ですね。

女：社会的背景を考えると、確かに需要がありそう
　　ですね。

견학 온 학생과 담당자가 이야기하고 있습니다. 담당자는 지금
편의점에 필요한 것은 무엇이라고 말하고 있습니까?

여 : 지금 편의점 업계에서 지각 변동이 일어나고 있다고 들었
　　습니다만, 구체적으로는 어떠한 것인가요?
남 : 흠,그것은 편의점의 존재가치를 되물어 새로운 가격을
　　만들어 내려고 하고 있는 회사가 증가하고 있다는 것입
　　니다.
여 : 24시간영업이어서 편리하다든지, 도시락을 살 수 있어서
　　편리하다든지. 저는 이러한 것들이 존재가치라고 생각하
　　고 있습니다만, 그렇지 않게 되었다 라는 것입니까?
남 : 아니오, 지금 말씀하신 점은 바꾸지 않을 겁니다. 다만
　　대형 마켓도 24시간 영업으로 전환하고 있는 곳이 많아
　　졌고, 도시락도 종류가 풍부하고 가격이 싼 것이 자꾸자
　　꾸 나오고 있습니다. 슈퍼와의 차별을 확실히 하는 게 필
　　요합니다.
여 : 차이 말입니까? 구체적으로 알려 주시겠습니까?
남 : 예를 들어 도시락 코너에 어르신들을 위한 공간을 설치한
　　다든지 말이죠.
여 : 사회적 배경을 생각하면 확실히 수요가 있을 것 같네요.

❶ 대형화
❷ 슈퍼와의 일체화
❸ 저가격화
❹ 슈퍼와의 차별화

정답 ❹
어휘 見学 견학　担当者 담당자　必要 필요　業界 업계
　　　地殻 지각　変動 변동　起きる 일어나다
　　　聞く 듣다　具体的 구체적　存在 존재　価値 가치
　　　問い直す 되묻다　新ただ 새롭다
　　　作り出す 만들어내다　会社 회사　増える 늘다
　　　営業 영업　便利 편리　お弁当 도시락　点 점
　　　変える 변하다　大手 대규모
　　　切り替える 변환하다, 전환하다　増える 증가하다
　　　品数 물건의 수, 또는 종류　豊富 풍부　値段 가격
　　　安い 싸다　どんどん 계속해서　出る 나오다
　　　具体的 구체적　教える 가르치다　お年寄り 노인
　　　～向け ～용　設置 설치　社会的 사회적
　　　背景 배경　考える 생각하다　確かに 확실히

需要 수요

  030

会社で女の部下と男の上司が話しています。今月の
価格はどうなりますか。

女：課長、このままの価格では採算が取れなくなり
　　ます。
男：そうだなあ、材料費が値上がりしたからなあ。
女：だからといって、こんな不景気で値上げするの
　　もなんですし。
男：材料費が上がった分だけでも、価格を上げたら
　　どう？
女：それに納得する消費者はあんまりいないと思い
　　ますよ。
男：どうしたらいいかさっぱり分からないな。
女：今月はこのままの価格で、来月からもう一度考
　　えてみたらどうですか。
男：うん、それがいいかもね。

회사에서 여자 부하와 남자 상사가 이야기하고 있습니다. 이번
달의 가격은 어떻게 됩니까?

여 : 과장님 이대로의 가격으로는 채산이 맞지 않게 됩니다.
남 : 그렇군, 재료비가 올랐으니 말일세.
여 : 그렇다고 해서 이런 불경기에 가격 인상하는 것도 그렇
　　고.
남 : 재료비가 오른 것만큼이라도 가격을 올리는 건 어떤가?
여 : 그것을 납득할 소비자는 별로 없다고 생각합니다.
남 : 어떻게 하면 좋을 지 전혀 모르겠군.
여 : 이번 달은 지금의 가격으로 하고, 다음 달부터 한 번 더 생
　　각해 보시는 건 어떻습니까?
남 : 음, 그게 좋을지도 모르겠군.

❶ 이번 달부터 올린다
❷ 지금 이대로 바꾸지 않는다
❸ 다음 달부터 올린다
❹ 이번 달부터 내린다

정답 ❷
어휘 部下 부하　上司 상사　今月 이번 달　価格 가격
　　　課長 과장
　　　採算が取れない 채산이 맞지 않다, 이익이 안 되다
　　　材料費 재료비　値上げする 가격을 올리다

不景気 불경기　上がる 오르다　分 몫, 분량

上げる 올리다　納得 납득　消費者 소비자

さっぱり 전혀　来月 다음 달　一度 한 번

考える 생각하다

　　장문청취(개요이해)는 어떤 지문이 출제될지는 알기 어렵다. 출제되는 문제는 전체적인 내용을 묻는 것이므로, 충분한 연습이 되어 있으면 어렵지 않게 풀 수는 있다. 대략적으로 출제될 만한 주제를 보면, 환경, 과학, 사건사고, 가게에서, 관공서, 연설문, 강의내용 등이다. 따라서 각각의 파트에서 자주 사용되는 문장을 조금이나마 익혀두면 장문청취에 대한 두려움을 없앨 수 있을 것이다. 구 시험에서의 장문은 학습자들에게 두려움의 대상이었으나, 신 시험에서는 가장 정답을 찾을 확률이 높은 파트이기도 하다. 따라서 각각의 예문을 익히면서, 문장의 흐름에 대한 이해를 높이도록 하자.

파트 Ⅲ

□ ～という…をご存じですか。

　　～라고 하는…을 알고 계십니까?

□ 広がっていくんじゃないかと思います。

　　퍼져가지 않겠는가 라고 생각합니다.

□ ～の収穫が今日から始まりました。

　　～의 수확이 오늘부터 시작되었습니다.

□ 去年よりいくぶん増えるでしょう。

　　작년보다 얼마간 증가하겠죠.

□ この白い薬は食事と食事の間に飲んでください。

　　이 하얀 약은 식사와 식사 사이에 드세요.

□ 特別講義は月曜日と火曜日に行われます。

　　특별강의는 월요일과 화요일에 행해집니다.

□ 仕事はきつかったけど、給料の面ではすごくよかったよ。

　　일은 힘들었지만 급료는 상당히 좋았어.

□ 食事は決まった時間にしたほうがいいですよ。

　　식사는 정해진 시간에 하는 편이 좋아요.

□ 道路が込んでバスが遅れました。

　　도로가 붐벼서 버스가 늦었습니다.

□ 平日のチケットはあいにく売り切れです。

평일의 티켓은 공교롭게도 다 팔렸습니다.

□ 原料探しには大変苦労しました。

원료 찾는데는 상당히 고생했습니다.

□ ～と似た成分が日本の竹に含まれています。

～와 닮은 성분이 일본의 대나무에 포함되어져 있습니다.

□ ～時からお部屋の方でお食事の準備をさせていただきます。

～시부터 방에서 식사 준비를 하겠습니다.

□ ご氏名とご住所をこの申込用紙にご記入ください。

성명과 주소를 이 신청용지에 기입해 주세요.

□ 来月二十日から東京都主催の特別講演会が開かれます。

다음 달 20일부터 도쿄도 주최의 특별강연회가 개최됩니다.

□ 最近では日本だけでなく各国でも関心が広がっています。

최근에는 일본뿐 만 아니라 각 국에서도 관심이 넓어지고 있습니다.

□ 夕方までに駅前店からこちらに一冊回しておきます。

저녁까지 역 앞 지점에서 이쪽으로 한 권을 가져다 놓겠습니다.

□ 僕の第一希望は国立大学です。

나의 제 1 희망은 국립대학입니다.

□ 先週からすっきりしない天気が続いてきました。

지난주부터 개운하지 않은 날씨가 계속되어 왔습니다.

□ 太平洋側に勢力の強い低気圧が残っているため、晴れというわけにはいきません。

태평양 측에 세력이 강한 저기압이 남아 있기 때문에 맑은 날씨가 되지는 않을 것입니다.

□ 世界各国を回って珍しい楽器を収集しています。

세계 각 국을 돌며 신기한 악기를 수집하고 있습니다.

□ 退職していろいろ整理したら、本棚が半分空っぽになりました。

퇴직하고 나서 여러 가지 정리했더니 책꽂이가 반이 비었습니다.

□ この辺は江戸の伝統を守る町としてよく知られています。

이 주변은 에도의 전통을 지키는 마을로서 잘 알려져 있습니다.

□ レポートの期限を一週間延ばしました。

리포트의 기한을 일주일 연기했습니다.

□ 資格は県の大学に通っている大学生で経済的に援助を必要とする方です。

자격은 현의 대학에 다니고 있는 대학생으로 경제적으로 원조를 필요로 하는 분입니다.

□ 宛先不明だから戻すしかないんです。

수신처가 불명확하기 때문에 되돌려 줄 수밖에 없습니다.

□ 最近30代の人で、人間関係で痛みを持っている人が増えているようです。

최근에 30대로, 인간관계로 아픔을 가지고 있는 사람이 늘고 있는 것 같습니다.

□ 今どうして、何のためにこれをしなければならないのかとよく考えてください。

지금 왜, 무엇을 위해서 이것을 해야만 하는가 라고 잘 생각해 주세요.

□ 古くても日当たりさえよければかまいません。

오래되어도 햇볕만 잘 들면 상관없습니다.

□ 私だけでなくみんなが楽しみにしています。

저뿐만 아니라 모두가 기대하고 있습니다.

□ 世界中の人たちがどう生きているのか肌で感じたいです。

세계인들이 어떻게 살고 있는지를 피부로 느끼고 싶습니다.

□ 関連企業の人からいろんな情報を得ています。

관련 기업사람으로부터 여러 가지 정보를 얻고 있습니다.

□ 皆さんは「サクラ前線」というのを聞いたことがありますか。

여러분은 「사쿠라전선」이라는 것을 들은 적이 있습니까?

□ 本日は本校の入学の説明会にお集まりくださり、ありがとうございます。

오늘은 본교의 입학 설명회에 모여주셔서 감사합니다.

□ ここから実際にコンピュータを作っているところが見られます。

여기서 실제로 컴퓨터를 만들고 있는 곳을 보실 수 있습니다.

□ 特に中国をはじめとするアジア市場は世界の人々が注目するところです。

특히 중국을 비롯한 아시아 시장은 세계사람들이 주목하는 곳입니다.

□ さっき洗った玉ねぎを入れて、キツネ色になるまでよく炒めます。

조금 전에 씻었던 양파를 넣어서 갈색이 될 때까지 잘 볶습니다.

□ 最近友人と海外旅行に行くという人が増えています。

최근에 친구와 해외여행가는 사람이 늘고 있습니다.

□ 来月からガス代と水道料金が上がるらしいです。

다음 달부터 가스비와 수도요금이 오를 것 같습니다.

□ 味より量が少ないのがむしろ問題だと思うんだけど。

맛보다 양이 적은 것이 오히려 문제라고 생각하는데.

□ まずカードに名前を書いて1番の窓口に出してください。

우선 카드에 이름을 적어서 1번 창구에 제출해 주세요.

□ わが社を建て直すために、来月からいくつか改善していきます。

우리 회사를 재건하기 위해서 다음 달부터 몇 갠가를 개선해 나가겠습니다.

□ 金曜日は全社員がスーツを着なくてもいいです。

금요일은 전 사원이 정장을 입지 않아도 됩니다.

청해

청해
실전모의
테스트

□ 居眠りは高速道路での事故の第一の原因となっています。

졸음은 고속도로에서의 사고의 첫 번째 원인입니다.

□ 感謝の気持ちを持ってお客様に接してください。

감사의 마음을 가지고 손님을 접해 주세요.

□ 2000年を頂点として次第に生産が減っています。

2000년을 정점으로서 점차로 생산이 줄고 있습니다.

□ この工業地帯でもっとも発達しているのは自動車産業です。

이 공업지대에서 가장 발달되어 있는 것은 자동차 산업입니다.

□ 昨夜から燃え続けていた山火事は明け方近くになり、やっと勢いが弱まりました。

어젯밤부터 계속 불탄 산불은 동틀 녘쯤에 겨우 기세가 진정되었습니다.

□ 外国語ができる、市内にお住まいの18歳以上の方が対象です。

외국어를 할 수 있는, 시내에 사는 18세 이상인 분이 대상입니다.

□ 図書の貸し出し手続きは閉館15分前までとなっております。

도서의 대출수속은 폐관 15분전까지로 되어 있습니다.

□ この種類の植木は日光と温度に注意してください。

이런 종류의 정원수는 일광과 온도를 주의해 주세요.

□ 現在休日にも窓口を開けている銀行は全国で100ヵ所あります。

현재 휴일에도 창구를 열고 있는 은행은 전국에서 100군데 있습니다.

□ この会社は給料は良さそうなんだけど、人間関係が面倒くさいらしいです。

이 회사는 급료는 좋은 것 같은데 인간관계가 성가신 것 같습니다.

□ 子育てをする間だけ会社を辞め、子育ての後もう一度働きたいと答えた人が一位になりました。

양육을 하는 동안에만 회사를 그만두고, 양육이 끝난 뒤에 한번 더 일하고싶다고 대답한 사람이 1위가 되었습니다.

□ 次回は一階の受付を通らないで、直接こちらの外科に来てください。

다음 번은 1층의 접수처를 지나지 말고 직접 이쪽 외과로 오세요.

□ メールなどを通じて携帯電話に感染する新種のウイルスが発見されたと発表しました。

메일 등을 통해서 휴대전화에 감염되는 신종 바이러스가 발견되었다고 발표했습니다.

□ パートタイマーを雇っている企業は、製造業で62パーセント、小売業66パーセント、サービス業64パーセント、ということが分かりました。

파트 타이머를 고용하고 있는 기업은, 제조업에서 62퍼센트, 소매업 66퍼센트, 서비스업 64퍼센트라는 것을 알 수 있었습니다.

□ カラオケが発売されてから、家庭用カラオケセットが毎年売上を伸ばしてきました。

가라오케가 발매되어지고 나서, 가정용 가라오케 세트가 매년 매상을 올리고 있습니다.

□ 犬は飼い主に忠実で愛想がよく、猫は個人的で何年経っても人に慣れないものだと言われています。

개는 주인에게 충실하고 붙임성이 좋은데, 고양이는 개인적이고 몇 년이 지나도 사람에게 익숙해지지 않는 것이라고 일컬어지고 있습니다.

□ この飛行機は午前10時にシドニーを出発して午後2時30分にソウルに到着する予定です。

이 비행기는 오전 10시에 출발해서 시드니를 출발해서 오후 2시 30분에 서울에 도착할 예정입니다.

□ 関東地方を襲った雪の影響で、道路での転倒やスリップによる交通事故などで関東各地で約210人が怪我をしました。

관동지방을 덮친 눈의 영향으로, 노상에서의 전도(전복)와 슬립(미끄러짐)에 의한 교통사고 등으로 관동 각지에서 약 210명이 부상을 당했습니다.

□ ただいま、年末年始大バーゲンを開催中でございます。

지금, 연말연시 대 바겐세일을 개최하고 있습니다.

□ ここしばらく日本晴れの天気が続きましたが、明日からの天気はくずれそうです。

　　이 며칠 간은 맑은 날씨가 계속되었지만, 내일부터 날씨는 안 좋아질 것 같습니다.

□ コンビニでは弁当も買えるし、最近は公共料金の支払いや小包みも出せるので、とても便利になりました。

　　편의점에서는 도시락도 살 수 있고, 요즘은 공공요금의 지불이나 소포도 부칠 수 있기 때문에, 매우 편리하게 되었습니다.

□ 私どもは、一人暮らしのお年寄りの生活を支援するために設立された民間のボランティア団体です。

　　우리들은 혼자서 생활하는 노인의 생활을 지원하기 위해 설립되어진 민간 자원봉사 단체입니다.

□ 経済力、軍事力、政治の安定度など、すべてを含んだ意味での国力が、為替レートを決定すると言われている。

　　경제력, 군사력, 정치의 안정도 등, 모든 것을 포함한 의미에서의 국력이, 환율을 결정한다고 일컬어지고 있다.

□ ペットの死によって生まれるさまざまな感情をペットロスという。

　　애완 동물의 죽음에 의해서 생겨나는 다양한 감정을 「페트로스」라고 한다.

□ 居眠り運転をしたタクシーの運転手がバスに衝突し、死亡しました。

　　졸음 운전을 한 택시운전사가 버스에 충돌하여 사망했습니다.

□ ギョウザや焼き肉やスパゲッティなどににんにくを使った料理はとてもおいしいのですが、食べた後のにおいが気になるという人が多いようです。

　　만두나 불고기, 스파게티 등에 마늘을 사용한 요리는 매우 맛있습니다만, 먹은 뒤의 냄새가 신경 쓰인다는 사람이 많은 것 같습니다.

□ 男性から銀行で下ろしたお金が入ったかばんを盗まれたと警察に通報がありました。

　　남성으로부터 은행에서 찾은 돈이 들어 있는 가방을 도둑맞았다고 경찰에 신고가 있었습니다.

問題3　問題3では、問題用紙に何も印刷されていません。　まず、話を聞いてくださ
い。　それから、質問と選択肢を聞いて、1から4の中から、正しい答えを一
つ選んでください。

- メモ -

문제		정답
1	031	① ② ③ ④
2	032	① ② ③ ④
3	033	① ② ③ ④
4	034	① ② ③ ④
5	035	① ② ③ ④
6	036	① ② ③ ④
7	037	① ② ③ ④
8	038	① ② ③ ④
9	039	① ② ③ ④
10	040	① ② ③ ④

MEMO

降る 내리다　今年 올해　暖かい 따뜻하다
全然 전혀　国 나라, 고향　一年中 1년 내도록
暑い 덥다　喜ぶ 기뻐하다　顔 얼굴　楽しみ 기대
本当に 정말로　残念 유감

1番  031

男の人が日本語クラスで話をしています。

男：皆さん、私の話を聞いてください。日曜日に恋人と秋田へ行きました。秋田はとてもきれいな所で、特に冬は雪がたくさん降ってきれいだと聞いていました。でも、秋田に行ってみたら、今年の冬は暖かくて、全然雪がありませんでした。私たちの国は一年中暑いので、雪が降りません。だから、恋人の喜ぶ顔が見たくて楽しみにしていました。本当に残念です。

男の人はなぜ残念だと思いましたか。

❶ 秋田に雪がなかったから
❷ 恋人が一緒に秋田へ行かなかったから
❸ 秋田がきれいではなかったから
❹ 恋人がとても喜んだから

남자가 일본어 클래스에서 이야기하고 있습니다.

남 : 여러분, 제 얘기를 들어 보세요. 일요일에 애인과 아키타에 갔습니다. 아키타는 굉장히 아름다운 곳으로, 특히 겨울에는 눈이 많이 내려서 아름답다고 들었습니다. 하지만, 아키타에 가보니, 올해 겨울은 따뜻해서 전혀 눈이 없었습니다. 우리나라는 일년 내 덥기 때문에 눈이 내리지 않습니다. 그래서 애인이 기뻐하는 얼굴이 보고 싶어 기대하고 있었습니다. 정말 유감입니다.

남자는 왜 유감이라고 생각했습니까?

❶ 아키타에 눈이 없었기 때문에
❷ 애인이 함께 아키타에 가지 않았기 때문에
❸ 아키타가 아름답지 않았기 때문에
❹ 애인이 굉장히 기뻤기 때문에

정답 ❶

어휘　皆さん 여러분　日曜日 일요일　恋人 애인
　　　秋田 지명　所 장소　特に 특히　冬 겨울　雪 눈

2番  032

女の人がある企画について話しています。

女：最近友人との飲み会を家でするという人が増えています。市場調査会社が2年前に行ったアンケートでは、飲み会の場所は店と答えた人が93%だったのに対し、今年の調査では75%でした。約20%の人が「家飲み」派に変わったと考えられます。その理由を見てみると、第一位は費用が安いこと。まさに不景気なご時世を反映しています。逆に店で飲むと答えた人に「家飲み」をしない理由を尋ねたところ、招く人が準備をするのが大変、というのが最も多い理由でした。そこで、私が企画したのは「飲み会宅配」です。招く人の代わりにお酒や料理はもちろん、いすやテーブルなど、必要な物全てをご自宅まで届けるサービスです。それではこちらの写真をごらんください。

女の人の企画と合っているのはどれですか。

❶ 招く人が準備しなければならないものを全て揃えてあげる。
❷ 飲み会の場所へ行って料理を作る。
❸ 飲み会に参加して、場を盛り上げる。
❹ 飲み会ができる家を探す。

여자가 어느 기획에 대해 이야기하고 있습니다.

여 : 최근 친구와의 회식을 집에서 한다고 하는 사람이 늘고 있습니다. 시장 조사 회사가 2년 전에 실시한 앙케트에서는 회식 장소는 가게라고 답한 사람이 93%이었던 것에 비해, 올해 조사에서는 75%이었습니다. 약 20%의 사람이 '집에서 마시는'파로 바뀌었다고 생각되어 집니다. 그 이유를 보면 제1위는 비용이 싸다는 것. 그야말로 불경기인 시세를 반영하고 있습니다. 반대로 가게에서 마신다고 답한 사

람에게 '집에서 마시는'것을 하지 않는 이유를 물어본 바,
초대할 사람이 준비를 하는 것이 힘들다고 하는 것이 가장
많은 이유였습니다. 그래서 제가 기획한 것은 '회식 택배'
입니다. 초대하는 사람 대신에 술이나 요리는 물론, 의자
나 테이블 등, 필요한 물건 모두를 자택까지 배달하는 서
비스입니다. 그럼 이쪽의 사진을 보시기 바랍니다.

여자의 기획과 맞는 것은 어느 것입니까?

❶ 초대하는 사람이 준비하지 않으면 안 되는 것을 모두 준
비해 준다.

❷ 회식 장소에 가서 요리를 만든다.

❸ 회식에 참가해서 자리의 흥을 돋군다.

❹ 회식을 할 수 있는 집을 찾는다.

정답 ❶

어휘 企画 기획　最近 최근　友人 친구

　　　飲み会 술자리, 술 모임　増える 증가하다

　　　市場 시장　調査 조사　会社 회사　行う 행하다

　　　場所 장소　店 가게　答える 대답하다

　　　～に対し ～에 대해서　今年 올해　約 약　派 파

　　　変わる 변하다, 바뀌다　考える 생각하다

　　　理由 이유　第一位 제1위　費用 비용

　　　まさに 바로, 틀림없이　不景気 경기　時世 시세

　　　反映 반영　逆に 반대로　尋ねる 묻다

　　　동사과거형+ところ ～했던 바　招く 초대하다

　　　準備 준비　大変だ 힘들다　最も 가장

　　　宅配 택배　～の代わりに ～대신에　料理 요리

　　　必要 필요　全て 전부　自宅 자택

　　　届ける 배달하다　写真 사진

　　　ごらんください 보세요

3番　033

男の人が新入社員に話しています。

男：皆さんは入社して１カ月経ちましたね。この仕
　　事がどのようなものか、多少なりとも分かって
　　来たと思いますが、今日は気になる点を一つ述
　　べます。え～、それは、取引先のお客様と電話で
　　話しているとき、「最近景気はどうですか」と聞く

人がいることです。この質問は取引先の経営状
況をよく調べていないことを白状しているのと
同じなので、絶対に避けるべきです。決算書だ
けでなく、業界紙を読んだり関連企業の人から
情報を得るなど、経営状況の判断材料はいくら
でもあるはずです。今はまだ、皆さんはベテラ
ンの担当者について回っていますが、早く一人
前になってお客様に的確なアドバイスができる
ように努力してほしいと思います。

男の人は新入社員にどんなことを望んでいますか。

❶ 知らないことは知らないと素直に言うこと

❷ 会社を辞めて独立すること

❸ 取引先を任せられるようになること

❹ 先輩のアドバイスに従うこと

남자가 신입사원에게 이야기하고 있습니다.

남: 여러분은 입사한 지 한 달이 지났지요. 이 일이 어떠한 것
　　인지, 다소나마 알게 되셨으리라 생각됩니다만, 오늘은 마
　　음에 걸리는 점을 하나 말씀드리겠습니다. 흠, 그것은 거
　　래처 손님과 전화로 대화를 할 때 "요즘 경기는 어떠십니
　　까?" 라고 묻는 사람이 있다는 것입니다. 이 질문은 거래처
　　의 경영상황을 잘 조사하지 않는다는 것을 자백하는 것과 같
　　은 것으로, 절대 피해야 될 사항입니다. 결산서뿐만이 아니
　　라, 업계 소식지를 읽거나 관련기업의 사람으로부터 정보
　　를 얻는 등, 경영상황 판단재료는 얼마라도 있을 것입니다.
　　지금은 아직, 여러분은 베테랑 담당자와 함께 일하고 있지
　　만, 빨리 자립해서 손님에게 정확한 어드바이스를 할 수 있
　　도록 노력해 주기를 바랍니다.

남자는 신입사원에게 어떠한 것을 바라고 있습니까?

❶ 모르는 것은 모른다고 솔직히 말할 것

❷ 회사를 그만두고 독립할 것

❸ 거래처를 맡을 수 있도록 되는 것

❹ 선배의 어드바이스에 따를 것

정답 ❸

어휘 新入社員 신입사원　入社 입사　経つ 경과하다

　　　仕事 일　多少 다소　～なりとも ～라도

　　　気になる 신경 쓰이다　点 점

　　　述べる 말하다, 서술하다　取引先 거래처

청해
실전모의
테스트

お客様 손님　電話 전화　最近 최근　景気 경기
質問 질문　経営 경영　状況 상황
調べる 조사하다　白状 자백, 실토　絶対 절대
避ける 피하다　決算書 결산서
業界紙 업계 발행 잡지　関連 관련　企業 기업
情報 정보　得る 얻다　判断 판단　材料 재료
担当者 담당자　回る 돌리다
一人前 1인분, 자립할 수 있게 됨　的確 정확
努める 노력

4番 034

女の人が「福袋」について説明しています。

女 : 皆さんは「福袋」というのを聞いたことがありま
すか。福とはいい事や嬉しい事。たとえば、お金
持ちになりたい人がお金持ちになること。結婚
したい人と結婚できること。そんな福がいっぱ
い入った袋が「福袋」なんです。本当にそんな
袋がありますか?って聞かれると、残念ですが、
ありません。でも、お正月にデパートへ行くと、
たくさんの「福袋」が売られています。「福袋」と
書かれた袋の中にはアクセサリーや電気製品
など、色々な種類の物が入っています。袋の中
に何が入っているか分かりませんが、ほしかっ
た物や好きな物が入っていると、本当に嬉しい
です。私は毎年お正月に必ず買います。これを
買うと、この一年、いい事がいっぱいあると思え
るからです。

デパートの「福袋」について説明に合っているのは
どれですか。

① 袋の上に「福袋」と書いてあります。
② いい事や嬉しい事がいっぱい入っています。
③ 中の物より袋のほうが大切です。
④ 12月になると、売られます。

여자가 '복 주머니'에 대해서 설명하고 있습니다.

여 : 여러분은 '복 주머니'라는 것을 들은 적이 있습니까? 복

이라는 것은 좋은 일이나 기쁜 일. 예를 들어 부자가 되고
싶은 사람이 부자가 되는 것. 결혼하고 싶은 사람과 결혼
할 수 있는 것. 그런 복이 가득 들어있는 주머니가 '복 주
머니'인 것입니다. 정말 그런 주머니가 있습니까? 라고 물
으신다면 유감스럽게도 없습니다. 하지만 설날에 백화점
에 가면 많은 '복 주머니'가 팔리고 있습니다. '복 주머니'
라고 써진 주머니 안에는 액세서리나 전자제품 등, 여러
가지 종류의 물건이 들어 있습니다. 주머니 속에 뭐가 들
어 있는지 모릅니다만, 갖고 싶었던 것이나 좋아하는 것
이 들어 있으면, 정말로 기쁩니다. 저는 매년 설날에 반드
시 삽니다. 이것을 사면 그 해 좋은 일이 가득할 것이라고
생각되기 때문입니다.

백화점의 '복 주머니'에 대한 설명과 맞는 것은 어느 것입니
까?

① 주머니 위에 '복 주머니'라고 써져 있습니다.
② 좋은 일이나 기쁜 일이 가득 들어 있습니다.
③ (주머니)속의 물건 보다 주머니가 중요합니다.
④ 12월이 되면 팔립니다.

정답 ①

어휘 福袋 복 주머니　説明 설명　嬉しい 기쁘다
お金持ち 부자　結婚 결혼　本当に 정말로
残念 유감　お正月 정월, 설날　売られる 팔리다
電気 전기　製品 제품　色々 여러 가지　種類 종류
物 물건　入る 들어가다　本当に 정말로
毎年 매년　必ず 반드시　買う 사다

5番 035

男の人が機械について説明しています。

男 : この機械は去年の10月に買ったばかりです。
今 1 月なので、まだ新しい機械です。この機械
を買う前は、約10年間あの機械を使っていまし
たが、今はもう使っていません。あの古い機械、
大きいでしょう。大きいですが、製品を一日に
1000個しか作れません。この新しい機械を使え
ば、一日1500個作れます。本当にすばらしい機
械です。

古い機械について男の人の説明と合っているもの
はどれですか。

❶ 約５年間使っていた。
❷ 今も使っている。
❸ 今はもうない。
❹ 今は使っていない。

남자가 기계에 대해 설명하고 있습니다.

남 : 이 기계는 작년 10월에 사서 얼마 안 되었습니다. 지금 1
월이기 때문에 아직 새 기계입니다. 이 기계를 사기 전에
는 약 10년 간 저 기계를 사용하고 있었습니다만, 지금은
이제 사용하고 있지 않습니다. 저 오래 된 기계, 크지요.
크지만 제품을 하루에 1000개 밖에 만들 수 없습니다. 이
새 기계를 사용하면 하루 1500개 만들 수 있습니다. 정말
대단한 기계입니다.

오래 된 기계에 대해 남자의 설명과 맞는 것은 어느 것입니
까?

❶ 약 5년 간 사용하고 있었다.
❷ 지금도 사용하고 있다.
❸ 지금은 이제 없다.
❹ 지금은 사용하고 있지 않다.

정답 ❹

어휘 機械 기계　説明 설명　去年 작년

　　　 동사과거형+ばかりだ 막～하다　新しい 새롭다
　　　 買う 사다　約 약　～年間 ～년 간　使う 사용하다
　　　 古い 오래되다　製品 제품　一日 하루　個 개
　　　 作る 만들다

 **6番** **036**

説明会で女の人が話しています。

女：本日は説明会にお集まりくださり、ありがとうご
　　ざいます。私は人事部長の高橋と申します。今
　　回の新規店舗の募集人数は販売部３名、営業
　　部２名。いずれも年齢、学歴は問いません。待
　　遇はあらかじめお送りしていた文書に書いてあ
　　る通りです。当社の経営理念を十分に理解した
　　上で、自らもユニークなアイディアが出せる方に
　　来ていただきたいと思っております。では、この

後、企画部から新規店舗について具体的な説
明がありますので、席に着いたままお待ちくだ
さい。

この説明会に参加している人はどんな人ですか。

❶ 入社希望の人
❷ 会社の株主
❸ 会社のお客さん
❹ 会社を経営したいと思っている人

설명회에서 여자가 말하고 있습니다.

여 : 오늘은 설명회에 모여 주셔서 감사합니다. 저는 인사부장
인 다카하시라고 합니다. 이번 신규 점포 모집 인원은 판
매부 3명, 영업부 2명. 어느 쪽도 연령, 학력은 묻지 않습
니다. 대우는 사전에 보내드린 문서에 쓰여 있는 대로입니
다. 본사의 경영이념을 충분히 이해한 다음 스스로 유니크
한 아이디어를 낼 수 있는 분이 오셨으면 합니다. 그럼 다
음은 기획부에서 신규 점포에 대해 구체적인 설명이 있겠
사오니, 착석하신 채 기다려 주십시오.

이 설명회에 참가한 사람은 어떤 사람입니까?

❶ 입사 희망자
❷ 회사 주주
❸ 회사 고객
❹ 회사를 경영하고 싶은 사람

정답 ❶

어휘 説明会 설명회　本日 오늘　集まる 모이다

　　　 お+동사ます형+くださる 존경표현　人事 인사
　　　 部長 부장　申す 言う ‒말하다 의 겸양어　今回 이번
　　　 新規 신규　店舗 점포　募集 모집　人数 인원수
　　　 販売部 판매부　名 명　営業部 영업부
　　　 いずれも 전부, 어느 것이나　年齢 연령　学歴 학력
　　　 問う 묻다　待遇 대우　あらかじめ 미리
　　　 送る 보내다　文書 문서　～通り ～대로
　　　 当社 당 사　経営 경영　理念 이념　十分に 충분히
　　　 理解 이해　동사과거형＋上で ～하고 나서
　　　 自らも 스스로도　出す 내다　方 분
　　　 企画部 기획부　具体的 구체적
　　　 席に着く 자리에 앉다　～まま ～채로

待つ（ま） 기다리다

7番 🔘 037

司会者が今日の講演会について話しています。

男：学生の皆さん、おはようございます。世界の人口に関する今日の講演は２部構成です。本日の講師は東京大学で地球環境を教えている高橋準一先生です。ええと、まず第１部では、これから50年にわたって地球の人口はどれだけ増える見込みかについてお話しします。第２部では、この人口増が環境や世界経済に与えるかもしれない影響に焦点を当てます。いずれも大学生のみなさんが知っておかなければならない大事なことですから最後までよくお聞きください。

講演の第１部は何についてですか。

❶ 地球温暖化の影響
❷ 世界経済の問題
❸ 予想される地球の人口の増加
❹ 環境についての最近の研究

사회자가 오늘의 강연회에 대해서 이야기하고 있습니다.

남 : 학생 여러분, 안녕하세요. 세계 인구에 관한 오늘의 강연은 2부 구성입니다. 오늘의 강사는 도쿄대학에서 지구환경을 가르치고 있는 타카하시 준이찌 선생님입니다. 흠, 우선 제 1부에서는 앞으로 50년에 걸쳐서 지구의 인구는 얼마만큼 증가할 전망인지에 대해서 말씀드리겠습니다. 제 2부에서는 이 인구증가가 환경과 세계경제에 줄지도 모르는 영향에 초점을 맞추겠습니다. 전부 대학생 여러분이 알아두어야 하는 중요한 것이니까 마지막까지 잘 들어주세요.

강연의 제 1부는 무엇에 대해서 입니까?
❶ 지구온난화의 영향
❷ 세계경제의 문제
❸ 예상되어지는 인구의 증가
❹ 환경에 대한 최근의 연구

정답 ❸

어휘 司会者 사회자　講演会 강연회　世界 세계

人口 인구　～に関する ～에 관한　部 부
構成 구성　本日 오늘　講師 강사　大学 대학
地球 지구　環境 환경　教える 가르치다
第 제　～にわたって ～에 걸쳐　地球 지구
増える 늘어나다　見込み 전망　人口増 인구 증가
経済 경제　与える 주다　影響 영향　焦点 초점
当てる 맞추다　いずれも 어느 것이나
大学生 대학생　大事だ 중요하다　最後 마지막

8番 🔘 038

文房具メーカーが、販売協力会社の幹部を集めて生産計画説明会を開催しています。

女：商品企画部長の市場動向予測についてはよく分かりました。営業部長の販売計画についてはちょっと疑問がありますが、それはメールで送ります。次の、生産管理部長の生産計画にはすごく満足しております。ところで、海外市場についてはどうでしょうか。特に中国をはじめとするアジア市場は皆の注目するところですので、このあたりの説明があればと思いますが。

女の人の質問に答える人は誰ですか。

❶ 協力会社の幹部
❷ 商品企画部長
❸ 営業部長
❹ 生産管理部長

문구점회사가 판매협력회사 간부를 모아 생산계획 설명회를 개최하고 있습니다.

여 : 상품기획부장님의 시장동향 예측에 대해서는 잘 알겠습니다. 영업부장님의 판매계획에 대해서는 조금 의문이 있습니다만, 그것은 메일로 보내겠습니다. 다음 생산 관리부장님의 생산계획에는 대단히 만족하고 있습니다. 그런데 해외시장에 대해서는 어떠신지요? 특히 중국을 비롯한 아시아 시장은 여러분이 주목하는 부분이기에 이 부분의 설명이 있으면 좋겠다고 생각합니다.

여자의 질문에 대답하는 사람은 누구입니까?

❶ 협력회사의 간부
❷ 상품기획부장
❸ 영업부장
❹ 생산 관리부장

정답 ❹

어휘 文房具 문방구　販売 판매　協力 협력　会社 회사
幹部 간부　集める 모으다　生産 생산　計画 계획
説明会 설명회　開催 개최　商品 상품
企画部長 기획부장　市場 시장　動向 동향
予測 예측　営業 영업　疑問 의문　送る 보내다
生産 생산　管理 관리　満足 만족　海外 해외
特に 특히　中国 중국
〜はじめとする 〜을 비롯한　皆 모두　注目 주목

9番  039

ラジオで男の人が話をしています。

男 : 皆さんこんばんは。僕は先週一人で越前へドライ
ブに行ってきました。越前と言えば言わずと
知れた温泉とカニの町。水曜日だったためか、
たまたま行った温泉は私一人きり。貸し切りの
ように独占できて本当にラッキーでした。湯船
の前は雄大な日本海。温泉の続きに海がある
のか、海の続きに温泉があるのか。そんなこと
をぼーっと考えながら、広い湯船にのんびりと
一時間もつかっていました。温泉の後はもちろ
んカニ。一人でドライブに行ったので、お酒は
飲めませんでしたが、地元でとれた旬のカニは
頬っぺたが落ちるほどでした。皆さんも一度越
前へ行ってみてはいかがですか。今の季節がお
すすめですよ。

男の人の話と合っているのはどれですか。

❶ 温泉につかって仕事のことを考えていた。
❷ 温泉の後、海へ行った。
❸ 湯船の中でゆったりとくつろいだ。
❹ カニは期待はずれだった。

라디오에서 남자가 말하고 있습니다.

남 : 여러분 안녕하세요. 저는 저번 주 혼자서 에치젠에 드라이
브를 다녀왔습니다. 에치젠이라고 하면 두말할 필요 없이
온천과 게 마을. 수요일이어서 그런지 우연히 간 온천은
저 혼자뿐이었습니다. 대절한 듯 독점할 수 있어서 정말
행운이었습니다. 탕 앞에는 웅대한 일본해. 온천이 연결된
곳에 바다가 있는 것인지, 바다가 연결 된 곳에 온천이 있
는 것인지. 그런 것을 멍하니 생각하며 넓은 탕에 느긋하
게 1시간이나 몸을 담그고 있었습니다. 온천 후에는 물론
게. 혼자서 드라이브 갔기 때문에 술은 마실 수 없었습니
다만, 현지에서 잡은 제철 게는 둘이 먹다 하나 죽어도 모
를 정도였습니다. 여러분도 한 번 에치젠에 가보는 것은
어떻습니까? 지금 이 계절에 추천해 드립니다.

남자의 말과 맞는 것은 어느 것입니까?

❶ 온천에 들어가 일을 생각하고 있었다.
❷ 온천 후 바다에 갔다.
❸ 탕 속에서 느긋하게 쉬었다.
❹ 게는 기대 이하였다.

정답 ❸

어휘 僕 나　先週 지난 주　越前 지명
言わずと知れた 두말할 필요 없이　温泉 온천
カニ 게　町 마을　たまたま 우연히　温泉 온천
〜きり 〜뿐, 만　貸し切り 대절, 통째로 빌림
独占 독점　本当に 정말로　湯船 욕조　雄大 웅대
続き 이어짐　ぼーっと 멍하니　考える 생각하다
広い 넓다　のんびり 느긋하게　つかる 몸을 담그다
地元 그 지역　旬 제철
頬っぺたが落ちる 입에서 살살 녹다, 아주 맛있다
一度 한번　季節 계절　おすすめ 권유, 추천

10番  040

料理の先生が説明しています。

女 : まず玉ねぎを切りましょう。みじん切りにしてく
ださい。あ、みじん切り、分かりますよね?野菜を
細かく切ることですよ。それから鍋にバターを
入れます。そしてみじん切りにした玉ねぎを入
れて、キツネ色になるまでよく炒めます。よく炒
めないとおいしいカレーができませんから、気

をつけてくださいね。はい、では肉を入れましょ
う。今日は牛肉を使いますが、豚肉でもかまい
ません。

玉ねぎを炒める前に鍋に入れるものは何ですか。

❶ スープ
❷ みじん切りの玉ねぎ
❸ バター
❹ 醤油

요리 선생님이 설명하고 있습니다.

여 : 우선 양파를 자릅시다. 다져 주세요. 아 다진다는 건, 아
시지요? 채소를 잘게 자른다는 것입니다. 그리고 냄비에
버터를 넣습니다. 그리고 다진 양파를 넣어서 갈색이 될
때까지 잘 볶습니다. 잘 볶지 않으면 맛있는 카레가 만들
어지지 않기 때문에, 주의 해 주세요. 네, 그럼 고기를 넣
도록 하지요. 오늘은 소고기를 사용하지만, 돼지고기라도
상관없습니다.

양파를 볶기 전에 냄비에 넣는 것은 무엇입니까?

❶ 수프
❷ 다진 양파
❸ 버터
❹ 간장

정답 ❸

어휘 料理 요리　説明 설명　玉ねぎ 양파　切る 자르다
　　　みじん切り 채소를 아주 잘게 썲, 또는 그렇게 썬 것
　　　野菜 채소　細かい 잘다　鍋 냄비　入れる 넣다
　　　キツネ色 갈색　炒める 볶다
　　　気をつける 주의하다　肉 고기　牛肉 소고기
　　　使う 사용하다　豚肉 돼지고기

청해
실전모의
테스트

즉시응답형 문제이므로, 한순간이라도 방심을 하면 정답을 놓치기 쉽다. 그리고 이 파트 문제의 특징은, 의뢰나 부탁, 권유와 관련된 문장이 많다. 따라서 질문을 할 때의 서술형을 일본어로는 어떻게 처리하는지를 정확하게 알아야만 질문의 내용을 알 수 있을 것이다. 제일 많이 사용되는 표현으로는 「の・かい・だい」「〜てくれる？=〜てくれない？」「〜てもらえる？=〜てもらえない？」「〜てほしいんだけど」의 표현이 있다. 따라서 이 표현이 들어간 문장을 많이 습득하거나, 문장의 연결을 정확하게 알면 이 파트를 푸는데 상당히 도움이 될 것이다.

파트 IV

Ⅰ. 회화표현에서 자주 사용되는 「の・かい・だい」가 있는 의문문

1 「の」

▶ 접속형태
① 동사・형용사의 보통체 + の
② 명사・형용동사의 어간 + なの
③ 의문사 + なの

예문

동사 :　先生は行くの。
　　　　先生は行かないの。
　　　　先生は行ったの。

형용사 :　それ、おもしろしいの。
　　　　それ、おもしろくないの。
　　　　それ、おもしろかったの。
　　　　それ、おもしろくなかったの。

명사 :　今日、休みなの。
　　　　今日、休みじゃないの。
　　　　今日、休みだったの。
　　　　今日、休みじゃなかったの。
　　　　今日、暇なの。
　　　　今日、暇じゃないの。

今日、暇だったの。

今日、暇じゃなかったの。

의문사 :　受付はどこなの。

これは何なの。

あの人は誰なの。

仕事はどうなの。

遅刻したのはなぜなの。

社長が来ないのはどうしてなの。

あなたのかさはどれなの。

2 「かい」

▶ 접속형태

① 동사·형용사의 보통체 + かい (のかい)

② 명사·형용동사의 어간 + かい (なのかい)

③ 의문사 + なのかい (かい)

예문

동사 :　君も行くかい (のかい)。당신도 갈 거야?

行かないかい (のかい)。안 갈 거니?

行ったかい (のかい)。갔니?

형용사 :　その映画、おもしろしいかい (のかい)。그 영화 재미있니?

その映画、おいしかったかい (のかい)。그 영화, 재미있었니?

명사 :　今日、休みかい (なのかい)。오늘, 쉬니?

今日、暇かい (なのかい)。오늘 한가하니?

의문사 :　山田さんが来ないのはどうしてなのかい (かい)。야마다 씨가 오지 않는 것은 왜지?

勘定したのは誰なのかい (かい)。계산한 것은 누구야?

会議はいつなのかい (かい)。회의는 언제야?

3 「だい」

▶ 접속형태
① 동사 · 형용사의 보통체 + んだい
② 명사 · 형용동사의 어간 + なんだい
③ 의문사 + だい (なんだい)

예문

동사 :　いつ会議があるんだい。　언제 회의가 있어?
　　　　山田さんはどう思うんだい。　야마다 씨는 어떻게 생각해?

형용사 :　どこのケーキがおいしいんだい。　어디 케이크가 맛있어?
　　　　何が悪いんだい。뭐가 나빠?

명사 :　誰が病気なんだい。누가 병이야?
　　　　誰が担当者なんだい。누가 담당자야?

의문사 :　あの人は誰だい (なんだい)。　저 사람은 누구야?
　　　　会議はいつだい (なんだい)。　회의는 언제야?
　　　　場所はどこだい (なんだい)。장소는 어디야?
　　　　あなたが直接行ったらどうだい (なんだい)。당신이 직접 가면 어때?

※「かい」와「だい」는 주로 남자가 사용한다. 윗사람이 아랫사람에게(상사나 선생님이 부하나 제자에게) 사용하는 경우가 많다.

Ⅱ. 청유나 부탁을 할 때 자주 사용되는 「～てくれる · ～てもらえない」
→ 친한 사람(친구나 가족 등)이나 아랫사람에 대해서 사용한다.

1 **～てくれる = ～てくれない？** (~해 줄래? = ~해 주지 않을래?)

① ねえ、この漢字の読み方、教えてくれる？ 이봐, 이 한자 읽는 방법 가르쳐 줄래?
② 辞書を貸してくれる？ 사전을 빌려 줄래?
③ この機械の使い方を説明してくれる？ 이 기계의 사용방법을 설명해 줄래?
④ 悪いんだけど、僕の話、聞いてくれる？ 미안하지만, 내 이야기 들어줄래?

⑤ もう止めてくれる？ 이제 그만해 줄래?

⑥ 何とかしてくれない？ 어떻게 해 주지 않을래?

⑦ ここに停めてくれない？ 여기에 세워주지 않을래?

⑧ この仕事は私に任せてくれない？ 이 일은 나에게 맡겨 주지 않을래?

⑨ ちょっとお金貸してくれない？ 돈 좀 빌려주지 않을래?

⑩ 一緒に行ってくれない？ 함께 가 주지 않을래?

2 ～てもらえる？ ＝ ～てもらえない？ (~해 줄 수 없어?)

① お風呂の使い方を教えてもらえる？ 목욕탕 이용방법을 가르쳐 줄래?

② 宿題、見てもらえる？ 숙제 봐 줄 수 없어?

③ 手、貸してもらえる？ 손 빌려 줄 수 없어?(도와줄 수 없어?)

④ そんな冗談は止めてもらえる？ 그런 농담은 그만 둘 수 없어?

⑤ バスの乗り方を、教えてもらえる？ 버스 타는 방법을 가르쳐 줄 수 없어?

⑥ これ、部長に渡してもらえないかなあ？ 이거, 부장님께 건네 줄 수 없어?

⑦ この文章を直してもらえない？ 이 문장을 고쳐 줄 수 없어?

⑧ その仕事、おれにもやらせてもらえないかな？ 그 일, 나에게도 하게 해 줄 수 없어?

⑨ タバコ、買ってきてもらえないかな？ 담배 사와 줄 수 없어?

⑩ これ、やってもらえない？ 이거, 해 줄 수 없어?

3 ～てほしいんだけど (~해 주기를 바라는데)

① ねえ、これ、書いてほしいんだけと、いいかなあ。 이봐, 이거, 써 주기를 바라는데, 괜찮을까?

② 国際電話のかけ方を教えてほしいんだけど。 국제전화를 거는 방법을 가르쳐 주기를 바라는데.

③ あんなばかなことは止めてほしいんだけど。 그런 바보 같은 짓은 그만두기를 바라는데.

④ ちょっと、これをコピーしてほしいんだけど。 좀 이것을 복사해 주기를 바라는데.

⑤ この部屋、ちょっと暑くない？窓をあけてほしいんだけど。 이 방, 좀 덥지 않아? 창문을 열어주기를 바라는데.

⑥ もっと早く走らせてほしいんだけどなあ。 좀 더 빨리 달리게 해주기를 바라는데.

⑦ あの、すみませんが、お金貸してほしいんだけど。 저, 죄송합니다만, 돈 빌려 주기를 바라는데.

⑧ できれば、友だちも入れてほしいんだけど。 가능하면 친구도 넣어주기를 바라는데.

⑨ 岡田さん、ボクの講演会に来てほしいんだけど。 오카다 씨, 저의 강연회에 와 주기를 바라는데.

⑩ サンプルは一つでもいいから送ってほしいんだけど。 샘플은 한 개라도 좋으니 보내주기를 바라는데.

問題4 問題4では、問題用紙に何も印刷されていません。 まず、文を聞いてください。 それから、それに対する返事を聞いて、1から3の中から、正しい答えを一つ選んでください。

- メモ -

問題		정답			問題		정답		
1	041	①	②	③	13	053	①	②	③
2	042	①	②	③	14	054	①	②	③
3	043	①	②	③	15	055	①	②	③
4	044	①	②	③	16	056	①	②	③
5	045	①	②	③	17	057	①	②	③
6	046	①	②	③	18	058	①	②	③
7	047	①	②	③	19	059	①	②	③
8	048	①	②	③	20	060	①	②	③
9	049	①	②	③	21	061	①	②	③
10	050	①	②	③	22	062	①	②	③
11	051	①	②	③	23	063	①	②	③
12	052	①	②	③	24	064	①	②	③

청해 정답

1番 ❷	2番 ❶	3番 ❷	4番 ❷	5番 ❷
6番 ❸	7番 ❷	8番 ❷	9番 ❸	10番 ❶
11番 ❸	12番 ❷	13番 ❶	14番 ❶	15番 ❷
16番 ❸	17番 ❶	18番 ❶	19番 ❶	20番 ❸
21番 ❶	22番 ❶	23番 ❶	24番 ❸	

1番　041

男：会社を辞めさせていただきたいんですが。

女：1. 私はまだ辞めたくないんです。

　　2. どうしてですか。　やることがいっぱいあるの
　　　に。

　　3. 私は何も悪いことをしてないんですよ。

남：회사를 그만두고 싶습니다만.

여：1. 저는 아직 그만두고 싶지 않습니다.

　　2. 왜요? 할 일이 많이 있는데.

　　3. 저는 아무 것도 나쁜 짓을 하지 않았습니다.

정답 ❷

어휘　会社 회사　辞める 그만두다

　　　동사사역형+ ていただく ～하겠다(겸양표현)
　　　何も 아무 것도　悪い 나쁘다

2番　042

女：この料理はちょっと味が濃すぎるようです。

男：1. 水をちょっと入れましょうか。

　　2. それで塩をかけたんですよ。

　　3. 調理師の腕はなかなかなんですよ。

여：이 요리는 맛이 조금 지나치게 진한 것 같습니다.

남：1. 물을 조금 넣을까요?

　　2. 그래서 소금을 뿌렸습니다.

　　3. 요리사의 솜씨는 상당합니다.

정답 ❶

어휘　料理 요리　味 맛　濃い 진하다

　　　형용사어간+ すぎる 지나치게～하다　塩 소금
　　　調理師 요리사　腕 팔, 솜씨

3番　043

男：この仕事をやっていただきたいんですが…。

女：1. 仕事を休んでいて何もできません。

　　2. 分かりました。やりましょう。

　　3. 持っているのはこれしかないんです。

남：이 일을 해 주기를 바랍니다만….

여：1. 일을 쉬고 있어서 아무 것도 할 수 없습니다.

　　2. 알겠습니다. 합시다.

　　3. 가지고 있는 것은 이거밖에 없습니다.

정답 ❷

어휘　仕事 일　休む 쉬다　何も 아무 것도　分かる 알다
　　　持つ 들다, 가지다

4番　044

女：野村さん、私の家に寄りませんか。

男：1. はい、分かりました。頑張ります。

　　2. いやあ、今日はやめておきましょう。

　　3. 夜はだいたい家でテレビを見ます。

여：노무라 씨, 저의 집에 들르지 않겠습니까?

남：1. 예, 알겠습니다. 열심히 하겠습니다.

　　2. 저 말이죠, 오늘은 그만 두겠습니다.

　　3. 밤에는 대체로 집에서 텔레비전을 봅니다.

정답 ❷

어휘　寄る 들르다　頑張る 열심히 하다　今日 오늘
　　　やめる 그만 두다　～ておく ～해 두다　夜 밤
　　　だいたい 대체로

5番　045

男：俺だけのせいにしないでくれよ。

女：1. せっかくいらっしゃったのに、ごめんなさい。

　　2. 言い訳ばっかりでホント男らしくないわね。

　　3. それでは私が全部持っていくわよ。

남：나만의 탓으로 하지 말아 줘.

여：1. 모처럼 오셨는데 죄송합니다.

　　2. 변명만 하다니 정말로 남자답지 않군.

3. 그럼 내가 전부 들고 갈게.

정답 ❷

어휘 俺(おれ) 나　せい 탓　せっかく 모처럼　言(い)い訳(わけ) 변명
全部(ぜんぶ) 전부　持(も)つ 들다, 가지다

6番  046

女 : いくら電話をかけても出ないし、これじゃ山田君
　　に連絡のとりようがないわ。
男 : 1. 山田君はいつも家にいるからいいじゃない？
　　2. 山田君は携帯電話を先週買ったよ。
　　3. 山田君は一昨日からアメリカへ行っている
　　　よ。

여 : 아무리 전화를 걸어도 안 받고, 이래서는 야마다 군에게 연
　　락을 취할 방법이 없군.
남 : 1. 야마다 군은 항상 집에 있으니 괜찮지 않니?
　　2. 야마다 군은 휴대전화를 지난주에 샀어.
　　3. 야마다 군은 그저께 미국에 갔어.

정답 ❸

어휘 いくら～ても 아무리～해도　電話(でん わ) 전화
連絡(れんらく)をとる 연락을 취하다
동사ます형+よう ～하는 방법
携帯電話(けいたいでん わ) 휴대전화　先週(せんしゅう) 지난주　一昨日(おととい) 그저께

7番  047

男 : そうかい。そこまで言うならしょうがないな。
女 : 1. 他に方法があると思いますが。
　　2. ありがとうございます。任せてください。
　　3. そこは危ないところですよ。

남 : 그래? 그렇게 까지 말한다면 어쩔 수가 없군.
여 : 1. 다른 방법이 있다고 생각합니다만.
　　2. 고맙습니다. 맡겨주세요.
　　3. 거기는 위험한 곳입니다.

정답 ❷

어휘 しょうがない 어쩔 수 없다　他(ほか) 다른　方法(ほうほう) 방법
任(ま)せる 맡기다　危(あぶ)ない 위험하다

8番  048

女 : ごめん、ちょっとそれ取ってもらえる？
男 : 1. 写真を撮るならこっちのほうがいいよ。
　　2. もう、今度からそれくらい自分でしてね…。は
　　　い、どうぞ。
　　3. 僕が持っていくんですか。重いのに…。

여 : 미안, 잠시 그거 집어 줄 수 있니?
남 : 1. 사진을 찍을 거라면 이쪽이 좋아.
　　2. 이런, 앞으로 그 정도는 스스로 해…. 자, 여기 있어.
　　3. 내가 들고 가는 것입니까? 무거운데….

정답 ❷

어휘 取(と)る 집다　写真(しゃしん)を撮(と)る 사진을 찍다　今度(こん ど) 이번
僕(ぼく) 나　持(も)つ 들다, 가지다　重(おも)い 무겁다

9番  049

男 : わかってくれたっていいだろう。長い付き合い
　　なんだし。
女 : 1. それで別れたくないって言うんじゃない？
　　2. いくら考えても分からないんだからしょうが
　　　ないでしょう。
　　3. それとこれとは話が別でしょう。

남 : 이해해 주어도 괜찮잖아? 오랜 교제(만남)도 있었고.
여 : 1. 그래서 헤어지고 싶지 않다고 말하지 않니?
　　2. 아무리 생각해도 모르겠으니 어쩔 수 없잖아?
　　3. 그것과 이것은 이야기가 다르잖아.

정답 ❸

어휘 長(なが)い 길다　付(つ)き合(あ)い 교제, 만남
いくら～ても 아무리～라도　考(かんが)える 생각하다
分(わ)かる 알다　別(べつ) 다름, 특별함

10番 050

男 : 木下？そんな奴いたっけ？
女 : 1. ほら、1組に目立たない奴いたじゃん。
　　2. さっき、木の前であそんでいたよ。
　　3. たまにはそういうこともあるのよ。

남 : 키노시타? 그런 녀석이 있었어?

여 : 1. 봐, 1반에 눈에 띄지 않는 녀석이 있었지 않니?

    2. 조금 전에 나무 앞에서 놀고 있어서.

    3. 가끔 그런 일도 있어.

정답 ❶

어휘 奴 녀석　組 반　目立つ 눈에 띄다　さっき 조금 전

    ～じゃん＝～じゃない　木 나무　たまには 가끔

11番 051

女 : 先生にも研究会に出席していただけるとありが
　　たいのですが。

男 : 1. 先月も研究会がありましたね。だいたい研究
　　　会は、毎年何回ありますか。

　　2. 研究会に出席したかったけど、時間がなくて
　　　すみません。

　　3. 研究会に出てほしいということですか。分か
　　　りました。いいですよ。

여 : 선생님도 연구회에 출석해 주시면 고맙겠습니다만.

남 : 1. 지난달에도 연구회가 있었죠? 대체로 연구회는 매년 몇
　　　번 있습니까?

　　2. 연구회에 출석하고 싶었지만, 시간이 없어서 미안합니
　　　다.

　　3. 연구회에 나와 주기를 바라는 것이니까? 알겠습니다.
　　　좋습니다.

정답 ❸

어휘 研究会 연구회　出席 출석　先月 지난달

    だいたい 대체로　毎年 매년　何回 몇 번

    時間 시간　～てほしい ～하기를 바란다

12番 052

男 : ありがとうございます。先生のご都合のよいと
　　きでかまいませんので、ぜひお越しください。

女 : 1. 引越しは来週あたりにするつもりです。

　　2. じゃあ、早速来週にでもおじゃますることにし
　　　ます。

　　3. 気持ちだけいただきます。じゃあ、また来週。

남 : 고맙습니다. 선생님이 시간이 괜찮을 때 언제든지 좋으

니 꼭 오세요.

여 : 1. 이사는 다음 주쯤에 할 생각입니다.

    2. 그럼, 바로 다음주라도 방문하겠습니다.

    3. 마음만 받겠습니다. 그럼 다음주에 뵈요.

정답 ❷

어휘 都合 사정, 형편　かまわない 상관없다

    越す 行く -가다・来る -오다 의 존경어

    引越し 이사　来週 다음주　あたり 즈음

    早速 즉시　～ことにする ～하기로 하다

    気持ち 마음

13番 053

女 : こんな損害を出しておいて、ごめんで済むと思
　　っているの?

男 : 1. じゃ、どうしろと言うんだい。

　　2. 問題はそんなに難しくなかったよ。

　　3. 遠いところに住んでるよね。

여 : 이렇게 손해를 입히고 나서, 미안하다는 말로 해결될 거라
　　고 생각하고 있는 거야?

남 : 1. 그럼, 어떻게 하라는 거야?

　　2. 문제는 그렇게 어렵지 않았어.

　　3. 먼 곳에 살고 있군.

정답 ❶

어휘 損害 손해　済む 끝나다　問題 문제

    難しい 어렵다　遠い 멀다　住む 살다, 거주하다

14番 054

男 : あれ、ここに置いといた書類どこにやったっけ?
　　知らない?

女 : 1. 私が知るわけないでしょ。もう一回ちゃんと見
　　　たらどう?

　　2. 知らないふりをしているけど、本当のことは知
　　　ってるでしょう。

　　3. 午後に使うものだからタイプしといたほうが
　　　いいわよ。

남 : 어, 여기에 놓아둔 서류 어디에 두었지? 몰라?

여 : 1. 내가 알 리가 없잖아. 한번 더 제대로 보면 어때?
　　 2. 모르는 척 하고 있지만 사실은 알고 있죠?
　　 3. 오후에 사용하는 것이니까 타이프해 두는 편이 좋아.

정답 ❶

어휘 置く 두다　～とく = ておく ～해 두다
　　 書類 서류　～わけない ~리가 없다　一回 한번
　　 ちゃんと 제대로　ふり 척　本当 진짜　午後 오후
　　 使う 사용하다

15番　055

女 : すぐに返しますから、貸してください。
男 : 1. 借りたのは一万円じゃなくて５千円でしたよ。
　　 2. 分かりました。じゃあ、できるだけ早く返してくださいね。
　　 3. 貸してもいつ返してもらえるかよく分かりませんよ。

여 : 바로 돌려줄 테니 빌려주세요.
남 : 1. 빌린 것은 만 엔이 아니고 5천 엔이었습니다.
　　 2. 알겠습니다. 그럼 가능한 한 빨리 돌려주세요.
　　 3. 빌려주어도 언제 돌려 받을 수 있을지 잘 모르겠습니다.

정답 ❷

어휘 返す 돌려주다, 갚다　貸す 빌려주다
　　 借りる 빌리다　早く 빨리

16番　056

男 : ところで、向こうの両親とはどうなんだい。うまくいってるのかい。
女 : 1. 家の向かいに住んでいらっしゃるからちょっと不便よ。
　　 2. うまくいってるけど仕事がなかなか見つからないわよ。
　　 3. ん、ぼちぼち。時々小言言われるけど。

남 : 근데, 남편 부모님과는 어때? 잘 지내고 있어?
여 : 1. 집의 맞은 편에 살고 계셔서 좀 불편해.

---

　　 2. 잘 되고 있지만 일이 좀처럼 찾아지지 않아.
　　 3. 응, 조금씩. 때때로 잔소리 듣지만.

정답 ❸

어휘 向こう 건너편, 여기서는 시댁　両親 부모님
　　 うまくいく 잘 되다　向かい 맞은 편
　　 住む 살다, 거주하다　不便 불편　仕事 일
　　 見つかる 발견되다　ぼちぼち 조금씩
　　 小言 잔소리

17番　057

女 : 店長に言ったら注意してくれたよ。
男 : 1. おー、さすが。やっぱり木村さんは頼りになるなあ。
　　 2. 店の商売がよくならないからね。
　　 3. はい、これからもっと気をつけます。

여 : 점장에게 말했더니 주의를 주었어.
남 : 1. 와, 과연. 역시 키무라 씨는 믿음이 가.
　　 2. 가게의 장사가 좋지 않으니까.
　　 3. 예, 앞으로 더욱 주의하겠습니다.

정답 ❶

어휘 店長 점장　注意 주의　さすが 과연
　　 便りになる 의지가 되다, 믿음이 가다　店 가게
　　 商売 장사　気をつける 주의하다

18番　058

男 : みんなの意見はともかく、君はどう思ってるんだい。
女 : 1. 私は個人的には今のままでいいと思ってるんですが。
　　 2. 賛成か反対かはっきり決めたほうがいいんじゃないですか。
　　 3. 人によって考え方が違うからそれでもいいと思っています。

남 : 모두의 의견은 어쨌든 간에 너는 어떻게 생각하고 있어?
여 : 1. 나는 개인적으로는 지금 이대로가 좋다고 생각하고 있

습니다만.

2. 찬성인지 반대인지 분명히 정하는 편이 좋지 않겠습니까?

3. 사람에 따라 생각이 다르기 때문에 그래도 좋다고 생각합니다.

정답 ❶

어휘 意見 의견　〜はともかく 은 어쨌든 간에

君 너, 자네　個人的 개인적　賛成 찬성　反対 반대

はっきり 분명히　決める 정하다

考え方 사고방식　違う 다르다

19番 059

女：あれ？町内会の夏祭り、もう終わったっけ？

男：1. 何言ってんの…。とっくに終わったよ。

2. まだ冬だから夏までは待てないよ。

3. 町の掃除をするのにこんなに集まったか。

여：어? 마을 내 모임의 여름축제, 이미 끝났어?

남：1. 무슨 말하는 거야? 이미 끝났어.

2. 아직 겨울이니까 여름까지는 기다릴 수 없어.

3. 마을 청소를 하는데 이렇게 모였는가?

정답 ❶

어휘 町内会 마을 내 모임　夏祭り 여름축제

終わる 끝나다　とっくに 이미　冬 겨울

待つ 기다리다　掃除 청소　集まる 모이다

20番 060

男：まことに恐れ入りますが、 お願いしたいことがございまして。

女：1. 私には無理ですから、言わないでください。

2. それぐらいなら朝飯前ですよ。

3. はい。いったい何ですか。

남：대단히 죄송합니다만 부탁하고 싶은 것이 있어서.

여：1. 저로서는 무리니까 말하지 마세요.

2. 그 정도라면 식은 죽 먹기입니다.

3. 예. 도대체 무엇입니까?

정답 ❸

어휘 恐れ入る 죄송하다

ございます ある −있다 의 정중한 표현

無理 무리　朝飯前 식은 죽 먹기

21番 061

女：どうしても調べたいことがあるので、データファイルを貸してもらえませんか？

男：1. データファイルですか？さっき部長が使ってましたけど。

2. 調べても分からないこともあるんですよ。

3. データファイルはいつでも調べられますよ。

여：어떻게 해서든 살펴보고 싶은 것이 있는데, 데이터 파일을 빌려 줄 수 없겠습니까?

남：1. 데이터 파일입니까? 조금 전에 부장님이 사용했습니다만.

2. 살펴보아도 모르는 것이 있습니다.

3. 데이터 파일은 언제든지 살펴볼 수 있습니다.

정답 ❶

어휘 調べる 조사하다, 살펴보다　貸す 빌려주다

部長 부장

22番 062

男：あの、申し訳ないんですが、 頼みたいことがあるんですけど。

女：1. はい、何ですか？

2. いいえ、そんなことないですよ。

3. まさか、そこまでするとは。

남：저, 죄송합니다만, 부탁하고 싶은 것이 있습니다만.

여：1. 예, 무엇입니까?

2. 아뇨, 그렇지 않습니다.

3. 설마, 그렇게까지 말하다니.

정답 ❶

어휘 申し訳ない 죄송하다　頼む 부탁하다

まさか 설마　〜とは 〜하다니

女 : 悪いんだけど、お願い聞いてもらえない？

男 : 1. え…、代わりに残業してっていうのなら無理
だよ。

　　2. ここにあるから全部持っていっていいよ。

　　3. そんなお願いなら山田さんに言ったらどう？

여 : 미안한데 부탁 들어줄 수 없어?

남 : 1. 흠…, 대신에 잔업해 라고 한다면 무리야.

　　2. 여기에 있으니 전부 들고 가도 좋아.

　　3. 그런 부탁이라면 야마다 씨에게 말하면 어때?

정답 ❶

어휘 悪い 미안하다　代わりに 대신에　残業 잔업

　　無理 무리　全部 전부　持つ 들다, 가지다

男 : この間の件どうなってたんだっけ。

女 : 1. あなたに聞いてみても絶対分からないはず
だわ。

　　2. 事件が起きてからだいぶ時間が経ったからよ
く分からないわよ。

　　3. あ、今報告書をメールで送ったので確認お願
いします。

남 : 요전의 건 어떻게 되었지?

여 : 1. 당신에게 물어보아도 절대 알 리가 없어.

　　2. 사건이 발생하고 나서 상당히 시간이 흘렀기 때문에 잘
몰라.

　　3. 아, 지금 보고서를 메일로 보냈기 때문에 확인 부탁합
니다.

정답 ❸

어휘 この間 이전　聞く 묻다　絶対 절대　分かる 알다

　　事件 사건　起きる 일어나다　時間 시간

　　経つ 경과하다　報告書 보고서　送る 보내다

　　確認 확인

이 파트에서의 정답은, 자신의 의견이나 주장, 바람 등을 나타내는 표현이 대부분이다. 따라서 자신의 생각을 나타낼 때, 일본어는 어떤 식으로 표현하는가를 알아둘 필요성이 있다. 어떤 것에 대한 「찬성이나 동의」, 「반대나 꾸중」, 「참석이나 승낙」, 「불참」 등에서 사용하는 일반적인 표현들을 익혀두면, 어떤 문제가 출제되더라도 부담 없이 그 문제에 적응할 수 있을 것이다. 각각의 표현들은 일본에서 가장 일반적으로 사용되는 문형이고, 앞으로도 출제될 가능성이 큰 것들이므로 반드시 익혀두도록 하자.

파트 V

(1) 찬성이나 동의

□ 私も先生の意見とまったく同じなんですよ。

　저도 선생님의 의견과 완전히 똑같습니다.

□ お母さんの言った通りだからそうしてよ。

　엄마가 말한 대로이니 그렇게 해.

□ タバコは止めたほうが体のためにもいいじゃありませんか。

　담배는 끊는 편이 몸을 위해서라도 좋지 않습니까?

□ 山田さんも一緒に行ってもいいと思いますけど。

　야마다 씨도 함께 가도 좋다고 생각합니다만.

□ ご飯の前にはちゃんと手を洗ったほうがいいよ。

　밥을 먹기 전에 반드시 손을 씻는 편이 좋아.

□ いくら嫌でも仕方ないから言うこと聞きましょう。

　아무리 싫어도 어쩔 수 없으니 말을 들읍시다.

□ こう厳しく叱るのもあなたのためだから、ああだこうだ言わないで。

　이렇게 엄하게 꾸짖는 것도 당신을 위한 것이니 이렇다 저렇다 말하지마.

□ 正しいことばかりおっしゃるから僕としては何とも言えません。

　바른 말씀만 하시니 저로서는 뭐라고도 말할 수 없습니다.

□ 気持ちは分かるけど、健康のためにはどうしようもないでしょう。

　마음은 알겠지만, 건강을 위해서는 어떻게 할 수도 없죠?

□ <ruby>先輩<rt>せんぱい</rt></ruby>はいつも<ruby>真実<rt>しんじつ</rt></ruby>だけ<ruby>言<rt>い</rt></ruby>うから<ruby>反対<rt>はんたい</rt></ruby>しません。

　선배님은 항상 진실만 말하니 반대하지 않습니다.

(2) 반대나 꾸중

□ そうおっしゃる<ruby>根拠<rt>こんきょ</rt></ruby>がまったくわかりません。

　그렇게 말씀하시는 근거를 전혀 모르겠습니다.

□ <ruby>一方的<rt>いっぽうてき</rt></ruby>に<ruby>言<rt>い</rt></ruby>うことは<ruby>全然聞<rt>ぜんぜんき</rt></ruby>きたくないんです。

　일반적으로 말하는 것은 전혀 듣고 싶지 않습니다.

□ こっちの<ruby>立場<rt>たちば</rt></ruby>も<ruby>考<rt>かんが</rt></ruby>えてください。<ruby>全然気<rt>ぜんぜんき</rt></ruby>を<ruby>使<rt>つか</rt></ruby>ってくれないんだから…。

　이쪽의 입장도 생각해 주세요. 전혀 신경 써주시지 않고 있지 않습니까?

□ <ruby>無理<rt>むり</rt></ruby>なことを<ruby>言<rt>い</rt></ruby>うから<ruby>私<rt>わたし</rt></ruby>には<ruby>賛成<rt>さんせい</rt></ruby>しかねます。

　무리한 말을 하니 저로서는 찬성하기 어렵습니다.

□ たまには<ruby>家族<rt>かぞく</rt></ruby>のためにもサービスしてください。いつも<ruby>寝<rt>ね</rt></ruby>てばかりいて。

　가끔은 가족을 위해서도 서비스를 해 주세요. 항상 자기만 하고.

□ <ruby>仕事<rt>しごと</rt></ruby>だからといって<ruby>毎日<rt>まいにち</rt></ruby>こんなに<ruby>遅<rt>おそ</rt></ruby>く<ruby>帰<rt>かえ</rt></ruby>るなんて<ruby>納得<rt>なっとく</rt></ruby>いかないわよ。

　일이라고 해서 매일 이렇게 늦게 돌아오는 것은 납득이 안 가.

□ あなたももう<ruby>年<rt>とし</rt></ruby>なんだから<ruby>健康<rt>けんこう</rt></ruby>のためにも<ruby>運動<rt>うんどう</rt></ruby>しなさいよ。

　당신도 이제 나이 들었으니 건강을 위해서는 운동해라.

□ そういうわけにはいきません。いつも<ruby>先輩<rt>せんぱい</rt></ruby>がおごってくれたんですから。

　그럴 수는 없습니다. 항상 선배님이 지불해 주었으니까.

□ <ruby>先週<rt>せんしゅう</rt></ruby>も<ruby>行<rt>い</rt></ruby>ったところだから<ruby>今回<rt>こんかい</rt></ruby>は<ruby>別<rt>べつ</rt></ruby>のところにしましょう。

　지난주도 갔던 곳이니까 이번에는 다른 곳으로 합시다.

□ もう<ruby>牛肉<rt>ぎゅうにく</rt></ruby>は<ruby>飽<rt>あ</rt></ruby>きてしまったから、<ruby>寿司<rt>すし</rt></ruby>にしましょう。

　이제 소고기는 질렸으니 초밥으로 합시다.

청해
실전모의
테스트

(3) 참석이나 승낙

□ 社長もいらっしゃるから行かないわけにはいかない。

사장님도 오시니 안 갈 수는 없다.

□ 行きたくはないが、義理だからしょうがないでしょう。

가고싶지는 않지만 도리이니까 어쩔 수 없죠.

□ せっかくの頼みだから言うこと聞きましょう。

모처럼의 부탁이니 말하는 대로 하겠습니다.

□ そうおっしゃるんだから断ることは無理でしょう。

그렇게 말씀하시니 거절하는 것은 무리이겠죠.

□ よろこんで。

기꺼이.

□ 来週なら午前でも午後でもいつでもいいですよ。

다음주라면 오전이라도 오후라도 언제라도 좋습니다.

□ あなたに会うため、他の約束はのばしました。

당신을 만나기 위해 다른 약속은 미뤘습니다.

□ ご一緒しても差し支えございませんか。

함께 해도 지장이 없겠습니까?

□ それでは、顔でも出します。

그럼 잠시 찾아뵙겠습니다.

□ お世話になったこともありますし、やらせていただきます。

신세를 진 것도 있고 하니 하겠습니다.

(4) 불참

□ 今夜は都合が悪くて…。

오늘밤은 사정이 안 좋아서….

□ 今度だけは勘弁してください。

이번만큼은 봐 주세요.

□ 申し訳ございません。明日はちょっと…。
죄송합니다. 내일은 좀….

□ 言っていることは分かりますが、気持ちだけいただきます。
말씀하시는 것은 알겠습니다만, 마음만 받겠습니다.

□ 申し訳ございません。また今度…。
죄송합니다. 그럼 다음에….

□ すみません。先約があって…。
죄송합니다. 선약이 있어서….

□ 来週はどうしても無理なんですが…。
다음 주는 도저히 무리입니다만….

□ 気持ちは分かりますがこちらも都合があって…。
마음은 알겠습니다만 이쪽도 사정이 있어서….

□ おれ、行かないからあとよろしくね。
나는 못 가니 나머지는 잘 부탁해.

□ そうしたい気持ちは山々なんですが…。
그렇게 하고 싶은 마음은 굴뚝같습니다만….

問題5　問題5では長めの話を聞きます。この問題には練習はありません。問題用紙に何も印刷されていません。まず、話を聞いてください。それから、質問と選択肢を聞いて、1から4の中から、正しい答えを一つ選んでください。

- メモ -

문제		정답	문제		정답
1	065	① ② ③ ④	6	070	① ② ③ ④
2	066	① ② ③ ④	7	071	① ② ③ ④
3	067	① ② ③ ④	8	072	① ② ③ ④
4	068	① ② ③ ④	9	073	① ② ③ ④
5	069	① ② ③ ④	10	074	① ② ③ ④

청해 정답

1番 ❷　2番 ❶　3番 ❶　4番 ❸　5番 ❷

6番 ❷　7番 ❸　8番 ❹　9番 ❸　10番 ❹

1番  065

会社の同僚たちが飲みに行きました。お会計は誰がしますか。

男1：じゃ、そろそろ行くか。明日も早いしな。すいません、お会計お願いします。

女　：ここはワリカンにしましょう。いくら？

男2：ここは俺が持つよ。

男1：お！どういう風の吹き回しだ？珍しい。

男2：実はさ、今度のプロジェクト終わったら昇進しそうなんだよ。

女　：うわ！なんだー、もっと早く言ってよ、水臭い。同期でしょう。

男2：でも、なんだか自慢するみたいじゃないか。それにまだ決まったわけじゃないから。

女　：でもいいのかしら。給料日前でしょ。所帯持ちなのに。

男2：うん、いいよ。これくらいなら。

男1：じゃ、今日は前祝で、昇進決まったら昇進祝いでおごれよ。ははは…。

男2：おい！そん時はお前たちが持たなきゃダメだろ。

勘定は誰がしますか。

❶ みんなでワリカン

❷ 一人のおごり

❸ 一人一人が別々に払う

❹ 一人が多く払って、残りをみんなで払う

회사동료들이 술을 마시러 갔습니다. 계산은 누가 합니까?

남1 : 그럼 슬슬 갈까? 내일도 아침 일찍 일이 있고. 실례합니다, 계산 부탁합니다.

여　: 여기는 각자부담으로 하죠. 얼마(입니까?).

남2 : 여기는 내가 계산할게.

남1 : 와, 어떤 바람이 불었어? 신기하군.

남2 : 실은 이번 프로젝트가 끝나면 승진할 것 같아.

여　: 우와! 뭐야, 좀 빨리 말해요, 섭섭해요. 동기잖아요?

남2 : 하지만, 왠지 자랑하는 것 같지 않아? 게다가 아직 정해진 것도 아니어서.

여　: 하지만 괜찮을까? 월급전이죠? 가정을 가지고 있는데.

남2 : 응, 괜찮아. 이 정도라면.

남1 : 그럼 오늘은 미리 축하하고, 승진이 정해지면 승진축하로 한턱 내. 하하하….

남2 : 야, 그 때는 너희들이 한턱내지 않으면 안 되잖아.

계산은 누가 합니까?

❶ 다같이 각자부담

❷ 혼자서 한턱 냄

❸ 한 사람 한 사람이 따로따로 치불한다

❹ 한 사람이 많이 내고, 나머지를 다같이 지불한다

정답 ❷

어휘 会社 회사　同僚 동료　飲む 마시다　会計 계산

そろそろ 슬슬　早い 빠르다　会計 회계, 계산

ワリカン 각자부담　俺 나　持つ 계산을 맡다, 들다

風の吹き回し 평소에는 없었던 뜻밖의 일이 일어남

珍しい 신기하다　実は 실은　今度 이번

終わる 끝나다　昇進 승진

水臭い 남남처럼 덤덤하다, 서먹하다　同期 동기

自慢 자랑　決まる 정해지다

～わけじゃない ～것(셈)은 아니다

給料日 월급날

所帯持ち 살림을 차림, 또는 그 사람

前祝 미리 축하함　おごる 한턱내다

～なきゃ ＝ ～なければ ～하지 않으면

2番  066

会社で三人の会社員が出張について話しています。岡村さんは出張についてどう思っていますか。

男1：明日から出張だね。向こうの人にもよろしく伝えてくれよ。

男2：今月もう2回目か。嫌になっちゃうな、こう多くちゃ。うちのにも愚痴言われててさ。

男１：まあまあ、落ち着いて。会社ってそんなもんだ
　　　からさ。

女　：そうそう、営業部ってこんなもんですよ。今は
　　　年末だから多いほうだけど、来年になったら
　　　落ち着きますよ。

男２：そうだといいけど…。

女　：今度はどこですか？こないだは神戸だったで
　　　しょう？

男２：札幌。とうとう北海道まで行くよ。四国、九州は
　　　行ったから、あとは沖縄だけだね。

男１：北海道か、うらやましいな。僕は行ったことな
　　　いのに。おいしいもの食べられるんだし、い
　　　いお土産でも買って、奥さんなだめてくださ
　　　いよ。

男２：岡村さんは独身だからそんなこと言えるんだ
　　　よ。この間なんか「あなたよりお土産の方が楽
　　　しみだわ！」なんて皮肉言われて…。もうちょ
　　　っと少なくならないかね。

女　：しょうがないですよ、ウチの部署は。

岡村さんは出張についてどう思っていますか。

❶ いろいろなところに行けてうらやましいと思って
　 いる
❷ お土産が楽しみだと思っている
❸ 年末だからしょうがないと思っている
❹ ちょっと多すぎると思っている

회사에서 세 명의 회사원이 출장에 대해서 이야기하고 있습니
다. 오카무라 씨는 출장에 대해서 어떻게 생각하고 있습니까?

남 1 : 내일부터 출장이네. 그 쪽 사람에게도 안부 전해줘.
남 2 : 이번 달 벌써 두 번째야, 질려버리겠어, 이렇게 출장이
　　　많아서야. 아내에게도 불평을 들었고 말이야.
남 1 : 이봐, 진정해. 회사는 그런 것이야.
여 　 : 맞아, 영업부는 이런 것입니다. 지금은 연말이니까 많은
　　　편이지만, 내년이 되면 안정될 것입니다.
남 2 : 그렇다면 다행이지만….
여 　 : 이번에는 어디입니까? 이전에는 고베였죠?
남 2 : 삿포로. 드디어 홋카이도까지 가. 시코쿠, 큐슈는 갔기
　　　때문에 남은 곳은 오키나와뿐이야.
남 1 : 홋카이도인가, 부럽군. 나는 간 적도 없는데. 맛있는 것

을 먹을 수 있고, 좋은 선물이라도 사서 아내를 달래줘.
남 2 : 오카무라 씨는 독신이니까 그렇게 말을 하는 거야. 이전
　　　에는 말이야 「당신보다 선물 쪽이 기대가 돼!」라고 빈정
　　　거리는 말을 들어서…. 좀 더 적어지지 않을까.
여 　 : 어쩔 수 없어요 우리 부서는.

오카무라 싸는 출장에 대해서 어떻게 생각하고 있습니까?

❶ 여러 곳에 갈 수 있어서 부럽다고 생각하고 있다
❷ 선물이 기대된다고 생각하고 있다
❸ 연말이니까 어쩔 수 없다고 생각하고 있다
❹ 좀 너무 많다고 생각하고 있다

정답 ❶

어휘 会社 회사　会社員 회사원　出張 출장
　　　向こう 맞은편, 건너편　伝える 전하다
　　　今月 이번 달　～回目 ～번 째　嫌だ 싫다
　　　愚痴 불평　落ち着く 안정되다　営業部 영업부
　　　年末 연말　来年 내년　今度 이번　神戸 고베(지명)
　　　札幌 삿포로(지명)　北海道 홋카이도(지명)
　　　四国 시코쿠(지명)　九州 큐슈(지명)
　　　沖縄 오키나와(지명)　お土産 선물
　　　なだめる 달래다　独身 독신　この間 이전
　　　楽しみ 즐거움, 낙, 기대　皮肉 빈정거림　部署 부서

3番　067

友達三人が隅田さんについて話しています。隅田さ
んはどうして嫌われていますか。

女１：あ、もう、信じらんない‼

女２：どうしたの？そんなに怒って？彼氏とケンカで
　　　もした？

女１：そんなことじゃないわよ。隅田のことで…、あ
　　　ー！考えただけでもむかつく！

男　：あ、隅田さんね…嫌いな人多いみたいだね…
　　　八方美人だし。

女１：そう！そうなのよ。もううんざり。サークルの会
　　　議の前、あの先輩嫌だねって一緒に言ってた
　　　のに、いざ会議になったら「私もそれいいと
　　　思いまーす。」だって。

女２：私もこの前食事した時、先輩たちの愚痴にな

って、「そうそう、そうよね。わかるわかる」とか言っといて、先輩の前では「先輩さすがですねー。」だって。もう、呆れ返っちゃう。

女1：どうするアイツ？もう顔も見たくないし、話題に出るだけでもイライラしちゃう。

男　：(ははは) 重症だね。でも同じサークルだし、完全に無視するわけにもいかないから、聞き流しといて、こっちからはあんまり関わらないようにするしかないでしょ？

隅田さんはどうして嫌われていますか。

❶ 誰にでもいい顔をするから
❷ 先輩にゴマをするから
❸ 先輩の悪口を言っているから
❹ きれいで何でもできるから

친구 세 명이 스미다 씨에 대해서 이야기하고 있습니다. 스미다 씨는 왜 미움받고 있습니까?

여1 : 아, 도저히 믿어지지가 않아!

여2 : 무슨 일이야? 그렇게 화를 내고? 애인과 싸움이라도 했어?

여1 : 그런 일이 아냐. 스미다 일로…, 아-! 생각만으로도 짜증이 나.

남　: 아, 스미다 씨 말이군…싫어하는 사람이 많은 것 같아… 약삭빠르고.

여1 : 맞아! 그런 거야. 이제 지긋지긋해. 서클 회의 전에, 그 선배 싫다 라고 함께 말했는데, 막상 회의를 했더니「저도 그거 좋다고 생각해요」라고 했어.

여2 : 나도 이전에 식사할 때, 선배들에 대한 푸념을 했는데,「맞아, 그래그래. 그 마음 알아」라고 했는데, 선배 앞에서는「선배님 과연 훌륭하시군요-」라고 했어. 정말로 기가 막혔어.

여1 : 어떻게 하지 그 녀석을? 이제 얼굴도 보고싶지 않고, 입에 담는 것만으로도 짜증이 나버려.

남　: 중증이야. 하지만 같은 서클이고, 완전히 무시할 수 없으니까 그냥 흘려들어, 이쪽에서는 별로 상관하지 않는 듯이 할 수밖에 없잖아?

스미다 씨는 왜 미움받고 있습니까?

❶ 누구에게라도 좋은 표정을 지으니까
❷ 선배에게 아부를 하니까
❸ 선배의 욕을 하니까

❹ 예쁘고 뭐든지 할 수 있으니까

정답 ❶

어휘 嫌(きら)う 싫어하다　信(しん)じる 믿다　怒(おこ)る 화를 내다
彼氏(かれし) 애인　考(かんが)える 생각하다　むかつく 짜증나다
八方美人(はっぽうびじん) 누구에게 잘 보이기 위해 약삭빠르게 처세
하는 사람　うんざり 지긋지긋함　会議(かいぎ) 회의
先輩(せんぱい) 선배　嫌(いや)だ 싫다　一緒(いっしょ)に 함께　いざ 막상
食事(しょくじ) 식사　愚痴(ぐち) 푸념　さすが 과연
呆(あき)れ返(かえ)る 어이가 없어 놀라다, 기가 막히다
話題(わだい) 화제

いらいらする 초조해 하다, 짜증이 나다
重症(じゅうしょう) 중증　同(おな)じ 같음　完全(かんぜん)に 완전히　無視(むし) 무시

〜わけにもいかない 〜수도 없다
聞(き)き流(なが)す 흘려 듣다　関(かか)わる 관여하다

4番  068

安部さんが引っ越したことについて友達に話しています。安部さんはどうして引っ越しましたか。

男1：お？不動産の雑誌なんか見て？引っ越しですか？

男2：うん、最近手狭になってきちゃって…。子供が大きくなってくるといろいろと大変じゃないですか。安部さんこそ新居どうですか？落ち着いてきましたか？念願の一戸建てでしょう？

男1：んー…、念願だった一戸建てはいいけど、通勤時間2時間半、30年ローンを考えたら頭痛いですよ。前は通勤30分だったから、なおさらきついし。

女　：でも、都内に一戸建ては無理な話でしょう。かといって、いつまでも賃貸っていうわけにもいかないしね、一家の主としては。そうでしょう？

男1：そうだな。でも、つらいけど必死になるしかないよ。クビになったら本当に帰る場所なくなるし…。きつい通勤だって耐えられるよ。

安部さんはどうして引っ越しましたか。

❶ 最近部屋が手狭になってきたから

❷ 通勤時間が長すぎてきついから

❸ マイホームを買ったから

❹ 会社をクビになってしまったから

아베 씨가 이사한 것에 대해서 친구에게 이야기하고 있습니다. 아베 씨는 왜 이사했습니까?

남 1 : 아, 부동산 잡지를 보고 있군요? 이사하십니까?

남 2 : 응, 최근에 비좁아져서…. 아이가 성장하면 여러 가지 힘들지 않습니까? 아베 씨야말로 신혼집 어떻습니까? 안정되었습니까? 바랬던 단독주택이죠?

남 1 : 흠…원했던 단독주택이어서 좋지만, 통근시간이 2시간 반, 30년 장기융자를 생각하면 머리가 아픕니다. 전에는 통근이 30분이었기 때문에, (지금은) 더 힘들고.

여 : 하지만 도내에 단독주택을 구입하는 것은 무리이겠죠. 그렇다고 해서 한 집안의 가장으로서 언제까지나 임대로 지낼 수도 없고. 그렇죠?

남 1 : 맞아. 하지만, 괴롭지만 필사적으로 될 수밖에 없어. 해고가 되면 정말로 돌아갈 장소도 없어지고…. 힘든 통근이라도 참을 수 있어.

아베 씨는 왜 이사했습니까?

❶ 최근 방이 비좁아졌기 때문에
❷ 통근시간이 너무 길어 힘들기 때문에
❸ 주택을 구입했기 때문에
❹ 회사에서 해고당했기 때문에

정답 ❸

어휘 引っ越す 이사하다　不動産 부동산　最近 최근
　　　手狭 비좁음, 협소함　大変だ 힘들다　新居 신혼집
　　　落ち着く 안정되다　念願 염원
　　　一戸建て 단독주택　通勤 통근　考える 생각하다
　　　頭 머리　痛い 아프다　なおさら 한층 더
　　　きつい 힘들다　都内 도내　無理 무리
　　　かといって 그렇다고 해서　賃貸 임대
　　　〜わけにもいかない 〜수도 없다
　　　一家の主 한 집안의 가장　つらい 괴롭다
　　　必死 필사　クビになる 해고가 되다
　　　本当に 정말로　帰る 돌아가다　場所 장소
　　　명사+だって 〜라고, 〜역시　耐える 참다

新婚夫婦が家電売り場で買い物をしています。どんなテレビを買いますか。

男 1：お客様のお部屋はどのくらいですか。

男 2：リビングは８畳くらいだね。

男 1：でしたら、こちらの液晶37型くらいで十分かと思いますが。

女 　：うわぁ、きれいね。これって他にどんな機能がついてるの?

男 1：こちらはHDDレコーダー内蔵で、このテレビ１台で録画もできます。

女 　：へぇ、すごいのね。こっちのテレビは同じ大きさなのにどうして安いの?

男 1：こちらはテレビだけでして、HDDレコーダーがないタイプでございます。

男 2：家はDVDレコーダーがあるから、HDDレコーダーは要らないなー。それからもうちょっと小さいのでもいいんだけど…。ウチのは29型だっけ?同じのでいいよな。

女 　：でもこれ見たらあっちにある29型小さく見えちゃうわ。こっちにしましょうよ。

男 1：今お客様のお部屋にあるテレビは薄型ですか?

男 2：そうじゃないけど…。昔のやつ。

男 1：こちらは壁に掛けていただけるタイプなので、お部屋が広く感じますよ。ですから、同じサイズだと小さく感じてしまうお客様もいらっしゃいますので、８畳くらいですと、やはりこのサイズでよろしいかと思いますが。

男 2：うまいこと言うね。じゃ、これください。

夫婦はどんなテレビを買いますか。

❶ HDDレコーダー内蔵の液晶37型テレビ
❷ 壁にかけるタイプの液晶37型テレビ
❸ HDDレコーダー内蔵の液晶29型テレビ
❹ 壁に掛けるタイプの液晶29型テレビ

신혼부부가 가전매장에서 쇼핑을 하고 있습니다. 어떤 텔레비전을 삽니까?

남 1 : 손님방은 어느 정도입니까?

남 2 : 거실은 다다미 8장 크기 정도입니다.

남 1 : 그렇다면, 이쪽의 액정 37형 정도로 충분하다고 생각합니다만.

여 　 : 우와, 예쁘네요. 이것은 그 외에 어떤 기능이 붙어 있어요?

남 1 : 이것은 HDD레코드 내장으로 이 텔레비전 한 대로 녹화할 수도 있습니다.

여 　 : 와, 굉장하군. 이쪽 텔레비전은 같은 크기인데 왜 저렴해요?

남 1 : 이쪽은 텔레비전 기능뿐이고, HDD레코드가 없는 타입입니다.

남 2 : 우리 집은 DVD레코드가 있으니까, HDD레코드는 필요 없어. 그리고 좀 더 작은 것이라고 좋은데…. 우리 집 것은 29형이지? 같은 것으로 좋은데.

여 　 : 하지만 이것을 보면 저기에 있는 29형은 작에 보여. 이쪽으로 하자.

남 1 : 지금 손님방에 있는 텔레비전은 슬림형입니까?

남 2 : 그렇지 않은데…. 옛날 것입니다.

남 1 : 이쪽은 벽에 거실 수도 있는 타입이어서 방이 넓게 느낍니다. 그래서 같은 사이즈라면 작게 느끼는 손님도 계시기 때문에, 다다미 8장 크기라면, 역시 이 사이즈로 좋다고 생각합니다만.

남 2 : 멋지게 말하는군요. 그럼 이거 주세요.

부부는 어떤 텔레비전은 삽니까?

❶ HDD레코드 내장의 액정 37형 텔레비전

❷ 벽에 거는 타입의 액정 37형 텔레비전

❸ HDD레코드 내장의 액정 29형 텔레비전

❹ 벽에 거는 타입의 액정 29형 텔레비전

정답 ❷

어휘 新婚 신혼　夫婦 부부　家電 가전　売り場 매장
　　　買い物 쇼핑　お客様 손님　お部屋 방
　　　畳 다다미를 세는 단위　液晶 액정　型 형
　　　十分 충분　他 다른　機能 기능　内蔵 내장
　　　録画 녹화　同じ 같음　大きさ 크기　安い 싸다
　　　〜でございます 〜입니다　要る 필요하다
　　　薄型 슬림형　昔 옛날　壁 벽　掛ける 걸다
　　　広い 넓다　感じる 느끼다

6番　070

カバン屋で店員とお客さんが話しています。お父さんはどんなカバンを買いますか。

女1：こちらが今年の人気商品でございます。

男　：ブルーとピンクしかないけど、黒とか赤じゃなくてもいいの?

女1：最近の傾向として、小さい頃から個性を大切にしたいお客様が多いんですよ。それで黒や赤以外にもピンクや青、黄色など様々な色が出ております。昔はランドセルといったら、男の子が黒、女の子が赤だったんですけどね。

男　：へぇ、昔とは違うんだな。でも、子供が大きくなったら好みが変わるかもしれないからな…。飽きが来ないのがいいんだけど。

女1：もちろん6年間使うものですから、シンプルなデザインやカラーを好まれるお客様も大勢いらっしゃいますよ。こちらのメーカーでしたらお客様の子供の頃とそれほど変わりのないデザインでございます。機能や丈夫さは比べ物にならないほどよくなっています。しかも軽いですし。男の子と女の子とどちらがお使いになりますか。

男　：あ、そうそう、ウチは男の子。

女1：でしたらこちらがぴったりだと思いますが…。

女2：やっぱり経験のある店員さんの話を聞いてよかった。

男　：そうだね。じゃ、それ。

お父さんはどんなカバンを買いますか。

❶ 個性的な赤いランドセル

❷ シンプルな黒いランドセル

❸ 個性的な黒いカバン

❹ シンプルな赤いカバン

가방가게에서 점원과 손님이 이야기하고 있습니다. 아버지는 어떤 가방을 삽니까?

여 1 : 이쪽이 올해의 인기상품입니다.

남 　 : 파란색과 핑크밖에 없는데, 검정이나 빨강이 아니라도 괜찮아?

여 1 : 요즘의 경향으로서 어릴 때부터 개성을 소중히 하고싶
다는 손님이 많습니다. 그래서 검정이나 빨강 이외에도
핑크나 파랑, 노란색 등 다양한 색이 나오고 있습니다.
옛날에는 란도셀이라고 하면 남자아이가 검정, 여자아
이가 빨강이었지만.

남 　: 우와, 옛날과는 다르군. 하지만 아이가 크면 취향이 바
뀔지도 모르니까…. 질리지 않은 것이 좋은데.

여 1 : 물론 6년 간 사용하는 것이니까, 심플한 디자인이랑 칼
라를 좋아하시는 손님도 많이 계십니다. 이쪽의 메이커
라면 손님의 어릴 때와 그다지 다름이 없는 디자인입니
다. 기능이랑 튼튼함은 비교가 안 될 정도로 좋아졌습니
다. 게다가 가볍고. 남자아이와 여자아이, 누가 사용하
십니까?

남 　: 아, 맞아, 우리 집은 남자아이.

여 1 : 그렇다면 이쪽이 딱 맞다고 생각합니다만….

여 2 : 역시 경험이 있는 점원의 이야기를 들어서 다행이야.

남 　: 그렇군. 그럼 그거 (주세요).

아버지는 어떤 가방을 삽니까?

❶ 개성적인 빨강 란도셀

❷ 심플한 검정 란도셀

❸ 개성적인 검정 가방

❹ 심플한 빨강 가방

정답 ❷

어휘 店員 점원　買う 사다　今年 올해　人気 인기
商品 상품　黒 검정　赤 빨강　最近 최근
傾向 경향　小さい頃 어릴 때　個性 개성
大切だ 소중하다　お客様 손님　以外 이외
青 파랑　黄色 노랑　様々な 다양한　色 색　昔 옛날
ランドセル (초등학교 학생용의) 메는 가방
違う 다르다　好み 취향　変わる 변하다
飽きが来る 질려오다　〜年間 〜년 간
使う 사용하다　好む 좋아하다　大勢 많은 사람
変わり 변함　機能 기능　丈夫 튼튼함
比べ物 비교대상　軽い 가볍다　経験 경험
ぴったり 딱 맞음

7番　**071**

三人の友達が飲み会を終えて二次会に行くことにし

ました。野村さんはどうして二次会に行きませんか。

男 1 : なんだよ野村、付き合い悪(わり)ーな。

女 　: そうよ。期末も終わったし、これから夏休みじ
ゃない。

男 2 : お前らは期末終わったからいいかもしんねー
けど、俺はまだ３つも残ってんだって。無理矢
理連れて来といて何言ってんだよ。

男 1 : まあまあ、そういう難しい話は次の店ですると
して…、来いよ、とりあえず。

女 　: 飲みが足りないんじゃない?それともお金の
心配?心配要らないって。

男 2 : 違うって、もう。ホントに帰るから。じゃぁな。

男 1 : おう、じゃぁな?まじめ君。

女 　: そうそう。じゃあね〜。残りがんばって。友情な
んてどうでもいい野村君ー。

野村さんはどうして二次会に行きませんか。

❶ 付き合いが悪いから

❷ 飲むお金がないから

❸ 勉強しなければならないから

❹ 友達じゃないから

세 명의 친구가 술자리를 끝내고 2차를 가기로 했습니다. 노무
라 씨는 왜 2차에 안 갑니까?

남 1 : 뭐야 노무라, 술자리 매너가 안 좋은데.

여 　: 맞아. 기말시험도 끝났고 이제 여름방학이야.

남 2 : 너희들은 기말시험이 끝나서 좋을지도 모르겠지만, 나
는 아직 (시험이) 3개나 남았어. 억지로 데리고 와서는
무슨 말을 하는 거야?

남 1 : 아이 참, 그런 어려운 이야기는 2차가서 하고…, 우선 와
라.

여 　: 술이 부족하지 않니? 그렇지 않으면 돈 걱정? 걱정 붙들
어 매.

남 2 : 젠장, 아냐. 정말로 갈 테니까. 그럼.

남 1 : 뭐 안녕 이라고? 성실한 놈.

여 　: 맞아, 그럼 잘가! 나머지 시험 잘 쳐. 우정 따위는 어떻
게 돼도 괜찮은 노무라 녀석.

노무라 씨는 왜 2차에 안 갑니까?

❶ 술자리 매너가 안 좋으니까

❷ 술을 마실 돈이 없으니까

③ 공부해야 하니까

④ 친구가 아니니까

정답 ❸

어휘 友達 친구　飲み会 술자리　終える 끝내다

二次会 2차　付き合い 교제, 사귐, 술자리

期末 기말　終わる 끝나다　夏休み 여름방학

お前ら 너희들　俺 나　残る 남다

無理矢理 억지로　連れる 동반하다

～とく ＝ ～ておく ～해 두다　難しい 어렵다

次 다음　店 가게　足りない 부족하다　心配 걱정

要らない 필요 없다　違う 다르다　帰る 돌아가다

残り 나머지　友情 우정　～なんて ～따위

8番 072

友達四人が日帰り旅行に行くことにしました。運転は誰がしますか。

女１：OK!これで全部決まりね。

男１：帰りはどうすんの?

男２：どうすんのって何が?

男１：誰が見ても運転手が俺だけってキツすぎるだろ。往復で８時間ぐらいかかるんだし。

女２：でも私免許ないよ。

男２：俺も…。しょうがないじゃん。木村の車なんだし。ガソリン代出さなくてもいいんだから文句言うなよ。

男１：帰りは佐々木がしろよ。免許あんだろ。

女１：でも私ペーパーだよ。それでよければいいけどね。

男１：すぐ慣れるよ。助手席俺座るから。

女２：それはちょっと心配なんだけど。

男２：俺も…佐々木おっちょこちょいだから…。

男１：心配いらねーって。保険はちゃんと入ってるから。

女２：そういう問題じゃなくて…。

男１：やっぱり…。じゃ、高速だけ佐々木が運転して、都内入る前に俺と代わればいいだろ。

女１：うん!まかせて。俺も都内じゃなかったら何とかなる気がする。

運転は誰がしますか。

❶ 行きも帰りも佐々木と木村がする

❷ 行きは木村、帰りは佐々木がする

❸ 行きは佐々木と木村、帰りは木村がする

❹ 行きは木村、帰りは佐々木と木村がする

친구 네 명이 당일치기 여행에 가게 되었습니다. 운전은 누가 합니까?

여 1 : OK! 이것으로 전부 정해졌어.

남 1 : 돌아오는 길은 어떻게 할 건데?

남 2 : 어떻게 할 것이라니 뭐가?

남 1 : 누가 봐도 운전할 사람이 나 혼자만으로는 너무 힘들어. 왕복 8시간 정도 걸리고.

여 2 : 하지만 나는 면허증이 없어.

남 2 : 나도…. 어쩔 수가 없잖아. 키무라 차이고. 기름 값 내지 않아도 되니까 불평하지마.

남 1 : 돌아오는 길은 사사키가 해. 면허 있지?

여 1 : 하지만 나는 장롱면허야. 그래도 괜찮다면 하겠지만.

남 1 : 바로 익숙해져. 조수석에 내가 앉을 테니.

여 2 : 그건 좀 걱정인데.

남 2 : 나도…사사키 덜렁대니까….

남 1 : 걱정 붙들어 매. 보험은 제대로 들었으니까.

여 2 : 그런 문제가 아니고….

남 1 : 역시…. 그럼 고속도로만큼은 사사키가 운전하고, 도내에 들어오기 전에 나와 바꾸면 되잖아?

여 1 : 음! 맡겨 둬. 나도 도내(시내)가 아니면 어떻게든 될 것 같은 느낌이 들어.

운전은 누가 합니까?

❶ 가는 길도 돌아오는 길도 사사키와 키무라가 한다

❷ 가는 길은 키무라, 돌아오는 길은 사사키가 한다

❸ 가는 길은 사사키와 키무라, 돌아오는 길은 키무라가 한다

❹ 가는 길은 키무라, 돌아오는 길은 사사키와 키무라가 한다

정답 ❹

어휘 日帰り 당일치기　運転 운전　全部 전부

決まり 정해짐　帰り 돌아오는 길　運転手 운전사

俺 나　キツイ 힘들다　往復 왕복　免許 면허

～代 ～값　文句 잔소리

ペーパー 여기서는 장롱면허

よけりゃ ＝ よければ 좋으면　慣れる 익숙해지다

助手席 _{じょしゅせき} 조수석　俺 _{おれ} 나　座る _{すわ} 앉다　心配 _{しんぱい} 걱정

おっちょこちょい 덜렁댐　保険 _{ほけん} 보험

高速 _{こうそく} 고속(도로)　都内 _{とない} 도내　代わる _か 대신하다

まかせる 맡기다　気がする _き 느낌이 든다

家族3人がレストランで食事をしています。お父さん
はどうしてアイスクリームを食べないことにしました
か。

男　　：いやー、食った食った。うまかったな。

女1：そうね。久しぶりの外食だったしね。洋子も満
　　　　足したでしょ?

女2：えー!!私まだデザート食べてないよ。いいでし
　　　　ょ?

女1：まだ食べるの?

女2：甘い物は別腹なの。えっと、ティラミスとマン
　　　　ゴープリンね。

男　　：じゃ、俺も食べようかな。どれどれ、お!ここ結
　　　　構デザートメニュー豊富だね。えっと、どれに
　　　　しようかな…。プレミアムアイスクリーム1つ。

女1：お父さんは甘いものは控えた方がいいんじゃ
　　　　ない?最近メタボに注意してって医者にも言
　　　　われたでしょう。

男　　：せっかくの外食なんだから今日ぐらいいいだ
　　　　ろ…。

女2：私のちょっとあげるから我慢してよ。これ以上
　　　　お腹出たらみっともないよ。

男　　：そのことで最近うるさすぎるんじゃないか?も
　　　　ういいよ…じゃ、コーヒー1つ。

お父さんはどうしてアイスクリームを食べないこと
にしましたか。

❶ たくさん食べて満足したから

❷ コーヒーを飲むことにしたから

❸ 娘のデザートをもらうことにしたから

❹ うるさくて早く帰りたいから

가족 3명이 레스토랑에서 식사하고 있습니다. 아버지는 왜 아

이스크림을 먹지 않기로 했습니까?

남　：우와-. 정말 많이 먹었어, 맛있었어.

여1：그래. 오랜만의 외식이었고. 요코도 만족했지?

여2：옛! 나는 아직 디저트 먹지 않았어. 괜찮죠?

여1：아직 먹어?

여2：단 음식은 들어가는 배가 따로 있어. 흠, 티라미스와 망
　　　고 푸딩은 말이야.

남　：그럼, 나도 먹을까. 어디 한 번 보자. 와! 여기는 디저트
　　　메뉴가 상당히 풍부하군. 흠, 어떤 것으로 하지…. 프리
　　　미엄 아이스크림 하나.

여1：아빠는 단 것은 삼가는 편이 좋지 않아? 최근에 대사증
　　　후군에 주의해라고 의사선생님께도 말씀을 들었잖아.

남　：모처럼의 외식이니 오늘 정도는 괜찮잖아….

여2：내 것 조금 줄 테니 참아. 이 이상 배가 나오면 보기 흉
　　　해.

남　：그 일로 요즘 너무 잔소리가 많잖아? 괜찮아…그럼 커피
　　　한 잔.

아버지는 왜 아이스크림을 먹지않기로 했습니까?

❶ 많이 먹어서 만족했기 때문에

❷ 커피를 마시기로 했기 때문에

❸ 딸의 디저트를 받기로 했기 때문에

❹ 시끄러워서 빨리 돌아가고 싶기 때문에

정답 ❸

어휘 家族 _{かぞく} 가족　食事 _{しょくじ} 식사

～ことにする ～하기로 하다　食う _く 먹다

久しぶり _{ひさ} 오랜만　満足 _{まんぞく} 만족　甘い _{あま} 달다

別腹 _{べつばら} 이 이상 먹을 수 없는 배부른 상태라도 달콤한 과

자라면 먹을 수 있다는 것을 의미

ティラミス 이탈리아 디저트의 과자종류　俺 _{おれ} 나

結構 _{けっこう} 상당히　豊富 _{ほうふ} 풍부　控える _{ひか} 삼가다

最近 _{さいきん} 최근　メタボ 대사증후군　注意 _{ちゅうい} 주의

外食 _{がいしょく} 외식　我慢 _{がまん} 참다　以上 _{いじょう} 이상

お腹出る _{なか　で} 배가 나오다

友達3人が映画を見ることについて話しています。
山田君はどうして怖い映画を見たくありませんか。

男1：佐藤、何か面白そうな映画ある?

女　：これなんかどう?「ダメデカ(刑事)」。邦画だけ
　　　ど。

男2：邦画…。邦画はちょっとなー。今日は洋画の気
　　　分なんだけど。それってアクション?

女　：そうみたい。アクションありスリルあり…。

男1：俺は逆に字幕見るの面倒だから邦画がいい
　　　んだけど…。最近の一番人気って何なの?

女　：「恐怖の館」。ほら、あったじゃん。昔の日本映
　　　画。ハリウッドでリメイクしたんだよ。すっごく
　　　怖いらしいよ。

男1：あー、あれね。もう公開されてたんだ。それい
　　　いじゃん。山田もそれでいいだろ?

男2：えー、それ邦画版見たけど、意味わかんなく
　　　て、金もったいないって思ったんだけど。

女　：そんなこと言って、ホントは怖いんでしょ?山
　　　田君は見なくてもいいから、1人で何かして
　　　よ。私たちでそれ見に行くから。

男2：そんなこと一言も言ってねーじゃん。

山田君はどうして怖い映画を見たくありませんか。

❶ ハリウッド映画より邦画が見たいから

❷ 字幕を見るのが面倒だから

❸ ハリウッドのリメイクを見た方がいいから

❹ 邦画版をすでに見たから

친구 세 명이 영화를 보러 가는 것에 대해서 이야기하고 있습니다. 야마다 군은 왜 무서운 영화를 보고싶지 않은 것입니까?

남1 : 사토, 뭔가 재미있을 것 같은 영화 있어?

여　 : 이런 것은 어때? 「엉터리 형사」. 일본 영화인데.

남2 : 국내영화라…. 국내영화는 좀…. 오늘은 서양영화를 보
　　　고 싶은 기분인데. 그 영화 액션?

여　 : 그런 것 같아. 액션도 있고, 스릴도 있고….

남1 : 나는 반대로 자막 보는 것이 귀찮아서 국내영화가 좋은
　　　데…. 최근 뭐가 가장 인기 있어?

여　 : 「공포의 여관」이야. 생각해 봐, 있었잖아. 옛날 일본영
　　　화. 할리우드에서 리메이크 된 거야. 엄청 무서운 것 같
　　　아.

남1 : 아-그거. 벌써 개봉했군. 그것이 좋지 않을까? 야마다도
　　　그것으로 좋지?

남2 : 흠-, 그것 국내판 영화로 봤는데, 의미도 모르겠고 해서

돈 아깝다고 생각했었는데.

여　 : 그런 식으로 말하지만, 실은 무섭지? 야마다는 안 봐도
　　　되니깐 혼자서 알아서 하고 있어. 우리끼리 그것 보러
　　　갈 테니깐

남2 : 그런 말 한마디도 인했잖아.

야마다군은 왜 무서운 영화를 보고싶지 않은 것입니까?

❶ 할리우드 영화보다 일본 영화가 보고 싶기 때문에

❷ 자막을 보는 것이 귀찮아서

❸ 할리우드의 리메이크를 보는 편이 좋기 때문에

❹ 일본 영화편을 이미 봤기 때문에

정답 ❹

어휘 友達 친구　怖い 무섭다　映画 영화

面白い 재미있다　デカ 형사의 다른 말

邦画 방화, 국내영화　洋画 서양영화　俺 나

逆に 역으로　字幕 자막　面倒だ 성가시다

最近 최근　一番 가장　人気 인기　恐怖 공포

昔 옛날　公開 공개　映画版 영화판　意味 의미

もったいない 아깝다　一言 한마디

MEMO

실전 모의테스트 1회 / 2회

Ｎ２
第１回　実践模擬テスト
（60点　50分）

注　　意

１．試験開始の合図があるまで、この問題用紙を開けないでください。

２．この問題用紙を持ち帰ることはできません。

３．受験番号と名前を下の欄に、はっきりと書いてください。

４．この問題用紙は、全部で　11　ページあります。

受験番号	

名　　前	

¤ 실전 모의테스트를 실제 시험과 같이 한번에 이어서 듣는 경우에는 137 을 재생하여 주세요.

問題 1　問題１では、まず質問を聞いてください。それから話を聞いて、問題用紙の
１から４の中から、正しい答えを一つ選んでください。

1番　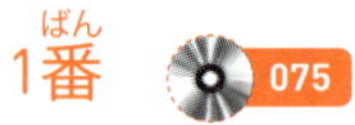 075

月	火	水	木	金
			A. 英会話	B. スペイン語 C. 情報処理
D. 英語 E. 経済学	F. レポート			

❶ A と D
❷ B と C
❸ D と E
❹ A と B と C

122

2番　 076

1.

サクラ銀行御中
送信:
受信:
用件:
担当:
内容:

ヤマト電気

2.

ヤマト電気御中
送信:
受信:
用件:
担当:
内容:

サクラ銀行

3.

ヤマト電気御中
送信:
受信:
用件:
担当:
内容:

東京商事

4.

東京商事
送信:
受信:
用件:
担当:
内容:

ヤマト電気

3番  077

❶ 荷物を送ろうとしている
❷ 北海道に行こうとしている
❸ 特別便に乗ろうとしている
❹ あさってお金を払おうとしている

4番 078

❶ ５番のホームで緑の電車に乗る
❷ 今いるホームに来る電車に乗る
❸ 男の人と一緒に５番のホームへ行く
❹ ５番のホームで黄色い電車に乗る

5番 079

❶ 出張中の担当者に連絡をとる
❷ 課長に、すぐ電話をするように伝える
❸ 取引先に、品物をすぐ届ける
❹ もう一度、取引先から電話してもらう

問題2では、まず質問を聞いてください。 そのあと、問題用紙の選択肢を読んでください。 読む時間があります。 それから話を聞いて、問題用紙の1から4の中から、正しい答えを一つ選んでください。

1番　080

❶ 取引先の人が急いでいたから
❷ 前に木村さんが直行すると言っていたから
❸ 木村さんが会議に出ていなかったから
❹ いつも木村さんは直行しているから

2番　081

❶ 怖い映画が好きだから
❷ 料理の研究をしたいから
❸ いろいろな国の人とけんかしたいから
❹ いろいろな国の生活がわかるから

3番　082

① お客様のパソコン
② 男の人の会社の本
③ 男の人の会社の CD
④ 女の人のパソコン

4番　083

① 仕事が終わる時間が遅いから
② 仕事に影響するから
③ お酒に弱いから
④ 給料日の前だから

5番 084

❶ 読む人が分かりやすいから
❷ 自分で考えなくてもいいから
❸ はやくレポートが書けるから
❹ 自分の言いたいことがないから

6番 085

❶ 若い人が社長をしたほうがいいから
❷ みんなが一生懸命に仕事をしているから
❸ みんながあまり仕事をしないから
❹ 誰も社長の話を聞かないから

청해

청해
실전모의
테스트

問題 3　問題3では、問題用紙に何も印刷されていません。 まず、話を聞いてくださ
い。 それから、質問と選択肢を聞いて、1から4の中から、正しい答えを一
つ選んでください。

- メモ -

문제		정답
1	086	① ② ③ ④
2	087	① ② ③ ④
3	088	① ② ③ ④
4	089	① ② ③ ④
5	090	① ② ③ ④

問題 4　問題４では、問題用紙に何も印刷されていません。 まず、文を聞いてくださ
い。 それから、それに対する返事を聞いて、１から３の中から、正しい答え
を一つ選んでください。

- メモ -

문제		정답			문제		정답		
1	091	①	②	③	7	097	①	②	③
2	092	①	②	③	8	098	①	②	③
3	093	①	②	③	9	099	①	②	③
4	094	①	②	③	10	100	①	②	③
5	095	①	②	③	11	101	①	②	③
6	096	①	②	③	12	102	①	②	③

問題 5　問題5では長めの話を聞きます。この問題には練習はありません。

1番　103

問題用紙に何も印刷されていません。まず、話を聞いてください。それから、質問と選択肢を聞いて、1から4の中から、正しい答えを一つ選んでください。

- メモ -

2番 　104

問題用紙に何も印刷されていません。まず、話を聞いてください。それから、質問と選択肢を聞いて、１から４の中から、正しい答えを一つ選んでください。

- メモ -

3番　105

まず、話を聞いてください。それから、二つの質問を聞いて、それぞれの問題用紙の1から4の中から、正しい答えを一つ選んでください。

質問1　男の人が泊まりたい旅館はどこですか。
❶ A旅館
❷ B旅館
❸ C旅館
❹ D旅館

質問2　女の人が泊まりたい旅館はどこですか。
❶ A旅館
❷ B旅館
❸ C旅館
❹ D旅館

N 2
第2回　実践模擬テスト
（60点　50分）

注　　意

1．試験開始の合図があるまで、この問題用紙を開けないでください。

2．この問題用紙を持ち帰ることはできません。

3．受験番号と名前を下の欄に、はっきりと書いてください。

4．この問題用紙は、全部で　11　ページあります。

受験番号	
名　　前	

¤ 실전 모의테스트를 실제 시험과 같이 한번에 이어서 듣는 경우에는 138 을 재생하여 주세요.

 問題１では、まず質問を聞いてください。それから話を聞いて、問題用紙の
１から４の中から、正しい答えを一つ選んでください。

1番  106

❶ アとオ
❷ アとエとオ
❸ イとウとエ
❹ ウとエとオ

2番

ア.

イ.

ウ.

エ.

❶ ア

❷ ア　イ

❸ イ　エ

❹ ア　イ　ウ

3番 108

① 佐藤さんにすぐ戻るように伝える
② 佐藤さんに木村さんの伝言を伝える
③ 佐藤さんの代わりに印刷する
④ 木村さんに佐藤さんの居場所を教える

4番 109

① ヨーグルトを食べる
② ヨーグルトを買いに行く
③ ヨーグルトを作る
④ 病院に行く

5番 110

① 写真撮影がある
② ミーティングがある
③ 社長のあいさつがある
④ 記念物を配る

問題2では、まず質問を聞いてください。 そのあと、問題用紙の選択肢を読んでください。 読む時間があります。 それから話を聞いて、問題用紙の1から4の中から、正しい答えを一つ選んでください。

1番　111

❶ レポートの締め切りが今夜だから
❷ 明日までにレポートを書きたいから
❸ 一度見た映画だから
❹ 他の人と見たいから

2番　112

❶ 専門を生かした仕事がしたかったから
❷ 新しい才能を発見したかったから
❸ 経営が安定した会社で働きたかったから
❹ やりがいのある仕事がしたかったから

3番　113

① ワンさんが相談してくれたから
② 夢が実現したから
③ ワンさんが好きだから
④ ワンさんにほめられたから

4番　114

① 大和電気の人をタイに連れて行くこと
② タイ語で製品について説明すること
③ タイ語で製品のカタログを翻訳すること
④ 山下さんにタイ語を教えること

5番 115

❶ 疲れやすいから

❷ ストレスがたまりやすいから

❸ スポーツや読書をしないから

❹ 勉強ばかりしているから

6番 116

❶ 今の会社は家から遠いから

❷ コンピュータを使いたくないから

❸ 今の仕事は忙しいから

❹ 今の仕事は給料が安いから

問題 3　問題 3 では、問題用紙に何も印刷されていません。まず、話を聞いてくださ
い。それから、質問と選択肢を聞いて、1 から 4 の中から、正しい答えを一
つ選んでください。

- メモ -

문제		정답
1	117	① ② ③ ④
2	118	① ② ③ ④
3	119	① ② ③ ④
4	120	① ② ③ ④
5	121	① ② ③ ④

問題 4 問題4では、問題用紙に何も印刷されていません。 まず、文を聞いてくださ
い。 それから、それに対する返事を聞いて、1から3の中から、正しい答え
を一つ選んでください。

- メモ -

문제		정답			문제		정답		
1	122	①	②	③	7	128	①	②	③
2	123	①	②	③	8	129	①	②	③
3	124	①	②	③	9	130	①	②	③
4	125	①	②	③	10	131	①	②	③
5	126	①	②	③	11	132	①	②	③
6	127	①	②	③	12	133	①	②	③

問題 5　問題5では長めの話を聞きます。この問題には練習はありません。

1番　134

問題用紙に何も印刷されていません。まず、話を聞いてください。それから、質問と選択肢を聞いて、1から4の中から、正しい答えを一つ選んでください。

- メモ -

2番 135

問題用紙に何も印刷されていません。まず、話を聞いてください。それから、質問と選択肢を聞いて、1から4の中から、正しい答えを一つ選んでください。

- メモ -

2番 135

3番 136

まず、話を聞いてください。それから、二つの質問を聞いて、それぞれの問題用紙の1から4の中から、正しい答えを一つ選んでください。

質問1 男の人が歓迎会で行きたいと思っている場所はどこですか。
❶ 居酒屋
❷ 学生食堂
❸ ボーリング場
❹ 食事会

質問2 女の人が歓迎会をしてもいいと思っているところはどこですか。
❶ 居酒屋
❷ 学生食堂
❸ ボーリング場
❹ 食事会

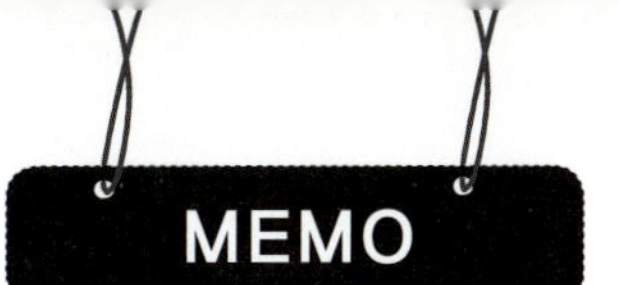

청해

청해
실전모의
테스트

청해 정답

問題Ⅰ 1番 ❷　2番 ❸　3番 ❶　4番 ❷　5番 ❷
問題Ⅱ 1番 ❸　2番 ❹　3番 ❶　4番 ❶　5番 ❶
　　　 6番 ❷
問題Ⅲ 1番 ❸　2番 ❹　3番 ❶　4番 ❹　5番 ❹
問題Ⅳ 1番 ❷　2番 ❷　3番 ❶　4番 ❷　5番 ❶
　　　 6番 ❸　7番 ❷　8番 ❸　9番 ❸　10番 ❷
　　　 11番 ❶　12番 ❶
問題Ⅴ 1番 ❶　2番 ❸　3番 1)❹　2)❶

問題Ⅰ

1番  075

男の人と女の人がテストについて話しています。女の人がこれから受けるテストはどれですか。

女：今日のテスト難しかったね。
男：ホント。でも、これからが本番なんだよ。オレ、今日から一週間超ハードなんだ。まず、明日英会話あるだろ、それにあさってスペイン語と情報処理あるし。
女：週末はどうするの？
男：月曜日に英語と経済学があるからその勉強と、火曜日までのレポートも書かなきゃな。
女：そうなの…。私はあさっては一緒だけど、その後は1週間後までにレポート1つ出せばいいだけ。いいでしょ。
男：英語は？
女：去年取っちゃったんだ。

남자와 여자가 테스트에 대해서 이야기하고 있습니다. 여자가 앞으로 받을 테스트는 어느 것입니까?

여 : 오늘 테스트 어려웠지?
남 : 정말이야. 하지만 앞으로가 본시험이야. 나는 오늘부터 일주일 동안 완전히 열심히 할거야. 우선, 내일 영어회화 시험 있지? 게다가 모레 스페인어와 정보처리 시험도 있고.
여 : 주말은 어떻게 할 건데?
남 : 월요일에 영어와 경제학 시험이 있기 때문에 그 공부와, 화

요일까지 리포트도 써야 해.
여 : 그래…. 나는 모레는 같은 시험이지만, 그 뒤에는 일주일 후까지는 리포트를 한 개 제출하면 돼. 부럽지?
남 : 영어는?
여 : 작년에 땄어.

정답 ❷

어휘 受ける 시험을 치다　難しい 어렵다
本番 본격적인 무엇　一週間 일주일
超ハード 상당히 힘듦　英会話 영어회화　情報 정보
処理 처리　週末 주말　経済学 경제학　勉強 공부
書く 쓰다　〜なきゃ＝〜なければ 〜하지 않으면
一緒 같음　その後 그 후　出す 제출하다　去年 작년
取る 취득하다

2番  076

男の人が、会社に電話をしています。会社に届いたファックスはどれですか。

女：はい、ヤマト電気です。
男：あ、木村さん？佐藤です。
女：お疲れ様です。
男：サクラ銀行からファックス届いてませんか？
女：ちょっと待ってください。……あ、届いてます。でも、サクラ銀行じゃありませんよ。東京商事からですが。
男：東京商事？あ、そうですか。サクラからは、まだか。
女：はい。
男：分かりました。じゃ、これから戻ります。

남자가 회사에 전화를 하고 있습니다. 회사에 도착한 팩스는 어느 것입니까?

여 : 네, 야마토 전기입니다.
남 : 아, 기무라씨, 사토입니다.
여 : 수고하십니다.
남 : 사쿠라 은행에서 팩스 도착하지 않았습니까?
여 : 아, 잠깐만 기다려 주세요. 아, 도착했습니다. 하지만, 사쿠라 은행이 아니네요. 도쿄 상사로부터 온 것입니다만.
남 : 도쿄 상사? 아, 그렇습니까? 사쿠라에서는 아직인가?
여 : 네.

남 : 알겠습니다. 그럼 지금 회사로 돌아가겠습니다.

정답 ❸

어휘 会社 회사　電話 전화　届く 도달되다　電気 전기
　　　お疲れ様 수고하다　銀行 은행　待つ 기다리다
　　　商事 상사　戻る 되돌아가다

女の人が男の人と話しています。女の人は何をしていますか。

女 : すみません。この荷物を送りたいんですが。
男 : はい。えーと北海道ですね。北海道だと2150円になります。
女 : 2150円ですね。明日着きますか。
男 : 明日はちょっと無理ですね。あさってになります。特別便にすると明日着きますが。
女 : 特別便はいくらですか。
男 : 2650円になります。2150円と特別便の料金が500円です。
女 : うーん。どうしようかな。500円ですね。でも急いでいるので特別便でお願いします。
男 : はい、かしこまりました。

女の人は何をしていますか。

❶ 荷物を送ろうとしている
❷ 北海道に行こうとしている
❸ 特別便に乗ろうとしている
❹ あさってお金を払おうとしている

여자가 남자와 이야기하고 있습니다. 여자는 무엇을 하고 있습니까?

여 : 실례합니다. 이 짐을 보내고 싶습니다만.
남 : 예. 흠~ 홋카이도이군요. 홋카이도라면 2150엔이 됩니다.
여 : 2150엔이군요. 내일 도착합니까?
남 : 내일은 좀 무리입니다. 모레는 도착합니다. 특별편으로 하면 내일 도착합니다만.
여 : 특별편은 얼마입니까?
남 : 2650엔이 됩니다. 2150엔과 특별편의 요금이 500엔입니다.
여 : 흠, 어떻게 하지! 500엔이죠? 하지만 급한 것이니 특별편

으로 부탁합니다.
남 : 예, 알겠습니다.

여자는 무엇을 하고 있습니까?

❶ 짐을 보내려고 하고 있다
❷ 홋카이도에 가려고 하고 있다
❸ 특별편을 타려고 하고 있다
❹ 모레 돈을 지불하려고 하고 있다

정답 ❶

어휘 荷物 짐　送る 보내다　明日 내일　着く 도착하다
　　　無理 무리　特別便 특별편　料金 요금
　　　急ぐ 서두르다　かしこまる 「分かる -알다」의 겸양어

駅員と女の乗客が話しています。女の乗客はこれからどうしますか。

女 : すみません。このホームに来る電車は新宿には行きませんか。
男 : はい、新宿には行きません。5番のホームに来る電車なら行きますよ。
女 : そうですか。あの緑の電車ですね？
男 : そうです。あ、でも、先にこのホームに来る黄色い電車に乗って、次の駅で緑の電車に乗り換えた方が早く着きますよ。
女 : あ、分かりました。ありがとうございます。

女の乗客はこれからどうしますか。

❶ 5番のホームで緑の電車に乗る
❷ 今いるホームに来る電車に乗る
❸ 男の人と一緒に5番のホームへ行く
❹ 5番のホームで黄色い電車に乗る

역무원과 여자 승객이 이야기하고 있습니다. 여자 승객은 앞으로 어떻게 합니까?

여 : 실례합니다. 이 홈에 오는 전철은 신주쿠에는 가지 않습니까?
남 : 예, 신주쿠에는 가지 않습니다. 5번 홈에 오는 전철이라면 갑니다.
여 : 그렇습니까? 저 초록 전철입니까?

청해

청해
실전모의
테스트

남 : 그렇습니다. 아, 하지만 먼저 이 홈에 오는 노란색 전철
　　을 타고 다음 역에서 초록 전철을 갈아타는 편이 빨리 도
　　착합니다.
여 : 알겠습니다. 고맙습니다.

여자승객은 앞으로 어떻게 합니까?

❶ 5번 홈에 가서 전철을 탄다
❷ 지금 있는 홈에 오는 전철을 탄다
❸ 남자와 함께 5번 홈에 간다
❹ 5번 홈에서 노란색 전철을 탄다

정답 ❷

어휘 駅員 역무원　乗客 승객　来る 오다　電車 전철

　　　線 선　緑 초록　先に 먼저　黄色い 노랗다

　　　次 다음　乗り換える 갈아타다　早く 빨리

　　　着く 도착하다　分かる 알다

5番  079

取引先の人から、電話がかかってきました。女の人
はこのあとすぐ何をしますか。

女：はい、野々村証券、事業部の山口でございます。
男：あ、川崎物産の田中と申します。
女：いつもお世話になっております。
男：注文した品物が、まだ届いていないんですが、
　　池上さん、いらっしゃいませんか。
女：大変申し訳ありませんが、池上は、出張中でし
　　て。
男：うーん、そうですか。困ったな。じゃあ、課長さん
　　の……、佐藤さんはいらっしゃいますか。今回の
　　納品の件、よくご存知のはずなんですが。
女：あ、さようでございますか。それでは、佐藤
　　に……。あ、申し訳ありません。佐藤はただいま
　　席を外しておりまして。戻り次第、すぐご連絡す
　　るようにいたしますが……。
男：そうですか。じゃあ、よろしくお願いします。
女：かしこまりました。失礼いたします。

女の人はこのあとすぐ何をしますか。

❶ 出張中の担当者に連絡をとる

❷ 課長に、折り返して電話をするように伝える
❸ 取引先に、品物をすぐ届ける
❹ もう一度、取引先から電話してもらう

거래처 사람한테서 전화가 걸려 왔습니다. 여자는 이 후 바로
무엇을 합니까?

여 : 네, 노노무라 증권 사업부의 야마구찌입니다.
남 : 아, 가와사키 물산의 다나카라고 합니다.
여 : 항상 신세 지고 있습니다.
남 : 주문하신 물품이 아직 도착 안 했는데, 이케가미 씨 안 계
　　십니까?
여 : 대단히 죄송합니다만, 이케가미는 출장 중이어서.
남 : 음…그렇습니까? 이거 곤란한걸. 그럼, 과장님인…, 사토
　　씨는 계십니까? 이번 납품 건에 대해 잘 아실 텐데.
여 : 아, 그렇습니까? 그럼 사토에게…. 아, 죄송합니다. 사토
　　는 지금 자리를 비워서. 돌아 오는 대로 전화 드리도록 하
　　겠습니다만….
남 : 그렇습니까? 그럼 잘 부탁드립니다.
여 : 알겠습니다. 실례하겠습니다.

여자는 이 후 바로 무엇을 합니까?

❶ 출장중인 담당자에게 전화를 한다
❷ 과장님에게 바로 (거래처에) 전화 드리도록 전한다
❸ 거래처에 물품을 곧 배달한다
❹ 한번 더 거래처에서 전화하도록 한다

정답 ❷

어휘 取引先 거래처　電話 전화　証券 증권

　　　事業部 사업부

　　　～でございます ＝ ～です ～입니다　物産 물산

　　　申す 言う -말하다 의 겸양어

　　　お世話になる 신세를 지다　注文 주문　品物 물건

　　　届く 도달되다　大変 매우　申し訳ない 죄송하다

　　　出張中 출장 중　困る 곤란하다　課長 과장

　　　今回 이번　納品 납품　件 건

　　　ご存知 分かる -알다 의 존경어

　　　～はずだ 틀림없이 ～이다

　　　席を外す 자리를 비우다

　　　ただいま いま -지금 의 겸양어　戻る 되돌아오다

　　　동사ます형+次第 ～대로　連絡 연락

　　　かしこまる 分かる -알다 의 겸양어　失礼 실례

1番  080

会社で上司と部下が話しています。男の人が木村さんが取引先に直行したと思ったのはなぜですか。

女：部長！木村さんが事故にあったそうです。

男：えっ、木村が!?

女：ええ。交通事故です。ゆうべとても寒かったせいで、道路が凍っていて、それで木村さんの乗ったバスがスリップして、事故を起こしたそうなんです。

男：そうか、朝の会議にいなかったから、取引先に直行したのかと思ってたよ。で、木村の具合はどうなの？

女：奥様の話ですと、頭を縫ったそうなんです。それで、明日詳しく検査を受けるそうです。

男：そうか。今夜様子を見に行ってみるよ。

男の人が木村さんは取引先に直行したと思ったのはなぜですか。

❶ 取引先の人が急いでいたから

❷ 前に木村さんが直行すると言っていたから

❸ 木村さんが会議に出ていなかったから

❹ いつも木村さんは直行しているから

회사에서 상사와 부하가 이야기하고 있습니다. 남자가 키무라 씨가 거래처에 직행했다고 생각했던 것은 왜입니까?

여 : 부장님! 키무라 씨가 사고를 당했다고 합니다.

남 : 뭐? 키무라가!?

여 : 예. 교통사고입니다. 어젯밤은 매우 추웠기 때문에 도로가 얼어서, 그래서 키무라 씨가 탄 버스가 미끄러지는 사고를 일으켰다고 합니다.

남 : 그래? 아침 회의에 없었기 때문에 거래처로 직행했다고 생각했어. 그런데 키무라의 상태는 어때?

여 : 부인의 이야기에 의하면, 머리를 꿰매었다고 합니다. 그래서 내일 상세하게 검사를 받는다고 합니다.

남 : 그래? 오늘밤 상태를 보러 가보겠어.

남자가 키무라 씨는 거래처에 직행했다고 생각했던 것은 왜입니까?

❶ 거래처 사람이 서두르고 있었기 때문에

❷ 전에 키무라 씨가 직행한다고 말했기 때문에

❸ 키무라 씨가 회의에 나오지 않았기 때문에

❹ 항상 키무라 씨는 직행했기 때문에

정답 ❸

어휘 会社 회사　上司 상사　部下 부하　取引先 거래처　直行 직행　事故にあう 사고를 당하다　交通 교통　ゆうべ 어젯밤　寒い 춥다　道路 도로　凍る 얼다　乗る 타다　起こす 일으키다　朝 아침　会議 회의　具合 상태　奥様 다른 사람의 부인　頭 머리　縫う 깁다, 꿰매다　明日 내일　詳しい 상세하다　検査 검사　受ける 받다　今夜 오늘밤　様子 상태

2番  081

男の人と女の人が趣味について話しています。女の人はどうしていろいろな国の映画を見ていますか。

男：チンさんの趣味は何ですか。

女：私の趣味ですか。そうですね、週末にいつも一人で映画を見に行くことかな。

男：へえ。どんな映画が好きなんですか。

女：怖い映画以外なら、なんでも見ますよ。いろいろな国の映画を見るのも、とても面白いですよ。その国の人々の生活が分かるんです。

男：生活…ですか。

女：そうです。あいさつの仕方とかけんかの仕方とか、食事の様子が、国によって違うんで、とっても面白いですよ。

男：そうですか。じゃあ、今週の土曜日に一緒に映画見に行きませんか。

女：あ、ごめんなさい。私一人じゃないとダメなんです。

女の人はどうしていろいろな国の映画を見ますか。

❶ 怖い映画が好きだから

❷ 料理の研究をしたいから

❸ いろいろな国の人とけんかしたいから

❹ いろいろな国の生活がわかるから

남자와 여자가 취미에 대해서 이야기하고 있습니다. 여자는 왜

여러 나라의 영화를 보고 있습니까?

남 : 친 씨의 취미는 무엇입니까?

여 : 저의 취미입니까? 글쎄요, 주말에 항상 혼자서 영화를 보러 가는 것일까?

남 : 우와. 어떤 영화를 좋아합니까?

여 : 무서운 영화이외라면 무엇이든지 봅니다. 여러 나라의 영화를 보는 것도 매우 재미있습니다. 그 나라 사람들의 생활을 알 수 있습니다.

남 : 생활…입니까?

여 : 그렇습니다. 인사하는 방법이나 싸우는 방법이나, 식사하는 모습이, 나라에 따라서 달라서, 매우 재미있습니다.

남 : 그렇습니까? 그럼 이번 주 토요일에 함께 영화를 보러 가지 않겠습니까?

여 : 아, 죄송해요. 저는 혼자가 아니면 안됩니다.

여자는 왜 여러 나라의 영화를 봅니까?

❶ 무서운 영화를 좋아하니까

❷ 요리 연구를 하고싶으니까

❸ 여러 나라 사람과 싸우고 싶으니까

❹ 여러 나라 사람의 생활을 알 수 있으니까

정답 ❹

어휘 趣味 취미　国 나라　映画 영화　週末 주말
怖い 무섭다　以外 이외
面白い 재미있다　生活 생활　分かる 알다
仕方 방법　食事 식사　様子 모습
〜によって 〜에 의해서　今週 이번 주
一緒に 함께

3番 082

会社で上司と部下が話しています。男の人は問題が起きたのは何のせいだと思っていますか。

女 : あのう、部長。ちょっとよろしいですか。

男 : ああ、ミチ子さん。どうしました？

女 : 実は、先ほどお客さまから連絡をいただきまして、急いでお客さまの家まで来てほしいと…。

男 : 急いで？うちは出版社だから、そんなに急ぐような商品はないよね。

女 : ええ。でもどうやら、うちの本についていたCDの問題のようです。パソコンにCDを入れたら、出

てこなくなったようなんです。

男 : それなら、電話で説明できない？

女 : それがうまくいかないんです。

男 : CDの問題じゃないと思うんだけどな。

女 : でも、お客さまは、うちの会社のCDを入れたから問題が起きたと思っていらっしゃるようで。

男 : そうか、じゃ、しかたがないな。お客さまのパソコンが原因でも、丁寧に説明してくださいね。それからこれからも同じようなことが起きるかもしれないから、誰にでも分かるような説明をホームページに載せることにしよう。

女 : はい、分かりました。さっそく行ってきます。

男の人は問題が起きたのは何のせいだと思っていますか。

❶ お客様のパソコン

❷ 男の人の会社の本

❸ 男の人の会社のCD

❹ 女の人のパソコン

회사에서 상사와 부하가 이야기하고 있습니다. 남자는 문제가 일어난 것은 무슨 탓이라고 생각하고 있습니까?

여 : 저, 부장님. 잠시 괜찮겠습니까?

남 : 아, 미치꼬 씨. 무슨 일입니까?

여 : 실은, 조금 전에 손님으로부터 연락을 받았는데, 급히 손님 집까지 와주기를 바란다고….

남 : 급히? 우리는 출판사이기 때문에 그렇게 서둘러야 하는 상품은 없잖아?

여 : 예. 하지만, 아무래도 우리 회사에서 출판한 책에 붙어 있던 CD의 문제인 것 같습니다. 컴퓨터에 CD를 넣었더니, 나오지 않는 것 같습니다.

남 : 그거라면 전화로 설명할 수 없어?

여 : 그게 잘 안 됩니다.

남 : CD문제가 아니라고 생각되는데.

여 : 하지만 손님은, 우리 회사의 CD를 넣었더니 문제가 생겼다고 생각하고 계시는 것 같아서.

남 : 그래? 그럼 어쩔 수가 없군. 손님의 컴퓨터가 원인이라도 친절하게 설명해 줘. 그리고 앞으로도 같은 문제가 일어날지도 모르니까 누구라도 알 수 있을 듯한 설명을 홈페이지에 싣기로 하자.

여 : 예, 알겠습니다, 즉시 갔다 오겠습니다.

남자는 문제가 일어난 것은 무슨 탓이라고 생각하고 있습니까?

❶ 손님의 컴퓨터
❷ 남자의 회사의 책
❸ 남자의 회사의 CD
❹ 여자의 컴퓨터

정답 ❶

어휘 会社 회사　上司 상사　部下 부하　起きる 일어나다

せい 탓　部長 부장　実は 실은　先ほど 조금 전

お客さま 손님　連絡 연락

いただく もらう –받다 의 겸양어　急ぐ 서두르다

出版社 출판사　商品 상품　どうやら 아무래도

本 책　つく 붙다　入れる 넣다　出る 나오다

電話 전화　説明 설명　うまくいく 잘 되다

原因 원인　丁寧に 친절하게　載せる 게재하다

 083

友だち二人が仕事について話しています。男の人が
お酒を飲みに行けないのはなぜですか。

男：ああ、眠い。残業で三日連続終電だったからな
　　あ。

女：三日はきついわね。

男：仕事ないよりはましだけど、ストレス解消の時
　　間もないのはちょっとね…。

女：仕事が終わった時点で終電だと、お酒を飲みに
　　も行けないわね。

男：そうなんだよね。青木さんはストレスないの？

女：うちの会社は残業がないけど、仕事にやりがい
　　を感じられないことがストレスかな。

男の人がお酒を飲みに行けないのはなぜですか。

❶ 仕事が終わる時間が遅いから
❷ 仕事に影響するから
❸ お酒に弱いから
❹ 給料日の前だから

친구 두 사람이 일에 대해서 이야기하고 있습니다. 남자가 술
을 마시러 갈 수 없는 것은 왜입니까?

남 : 아, 졸려. 잔업으로 3일이나 연속에서 마지막 전철을 이
　　용해서 귀가했어.

여 : 3일은 힘들지.

남 : 일이 없는 것보다는 다행이지만, 스트레스 해소할 시간도
　　없는 것은 좀 그래.

여 : 일이 끝난 시점에서 막차밖에 남지 않는다면 술을 마시
　　러 갈 수도 없군.

남 : 맞아. 아오키 씨는 스트레스가 없어?

여 : 우리 회사는 잔업이 없지만, 일에 보람을 느낄 수가 없는
　　것이 스트레스라고나 할까.

남자가 술을 마시러 갈 수 없는 것은 왜입니까?

❶ 일이 끝나는 시간이 늦으니까
❷ 일에 영향을 주니까
❸ 술이 약하니까
❹ 월급날 전이니까

정답 ❶

어휘 仕事 일　お酒 술　飲む 마시다　眠い 졸리다

残業 잔업　連続 연속　終電 마지막 전철

きつい 힘들다　ましだ 더 낫다　解消 해소

終わる 끝나다　時点 시점　やりがい 보람

感じる 느끼다

 084

男の学生と女の先生が話しています。例を出して説
明するのはなぜですか。

男：先生、レポートを書くときの注意点を教えてい
　　ただけませんか。

女：そうですねえ。言いたいことを、はっきり書くこと
　　ですね。

男：それは最後のところに書いた方がいいですか。

女：最後に書く方法もありますが、最初に一番言い
　　たいことを書いて、その後に理由を書くという
　　方法もありますよ。

男：そうですか。他にもありますか。

女：レポートを読むみんなが分かるように、例を出
　　して説明することも大切です。

男：他の人が書いた文章を例として書いてもかま
　　いませんか。

女：その場合は、本の名前と本を書いた人の名前を
　　必ず書いてください。そうすれば大丈夫です。

男：わかりました。先生、ありがとうございます。

例を出して説明するのはなぜですか。

❶ 読む人が分かりやすいから

❷ 自分で考えなくてもいいから

❸ はやくレポートが書けるから

❹ 自分の言いたいことがないから

남학생과 여자 선생님이 이야기하고 있습니다. 예를 들어서 설명하는 것은 왜입니까?

남 : 선생님, 리포트를 쓸 때의 주의점을 가르쳐 주시지 않겠
　　습니까?

여 : 글쎄요. 말하고 싶은 것을 분명히 쓰는 것이지요.

남 : 그건 마지막 부분에 쓰는 편이 좋습니까?

여 : 마지막에 쓰는 방법도 있습니다만, 처음에 가장 말하고 싶
　　은을 쓰고, 그 다음에 이유를 쓰는 방법도 있습니다.

남 : 그렇습니까? 다른 방법도 있습니까?

여 : 리포트를 읽는 모두가 알 수 있도록, 예를 들어서 설명하
　　는 것도 중요합니다.

남 : 다른 사람이 쓴 문장을 예로서 써도 상관없습니까?

여 : 그 경우는 책의 이름과 책을 쓴 사람의 이름을 반드시 써
　　주세요. 그렇게 하면 문제없습니다.

남 : 알겠습니다. 선생님, 감사합니다.

예를 들어서 설명하는 것은 왜입니까?

❶ 읽는 사람이 이해하기 쉬우니까

❷ 스스로 생각하지 않아도 되니까

❸ 빨리 리포트를 쓸 수 있으니까

❹ 자신이 말하고 싶은 것이 없으니까

정답 ❶

어휘 例 예　説明 설명　書く 쓰다　注意点 주의점

　　　教える 가르치다　はっきり 분명히　最後 마지막

　　　方法 방법　最初 처음　一番 가장　その後 그 후

　　　理由 이유　他 다른　読む 읽다　大切だ 중요하다

　　　文書 문서　かまわない 상관없다　場合 경우

　　　名前 이름　必ず 반드시　大丈夫だ 문제없다

6番　🔘 085

会社で社長と部下が話しています。どうして社長は、
「私がいなくても大丈夫だ」と言いましたか。

女：社長、おはようございます。

男：おはようございます。あ、野村さん、昨日は遅く
　　までご苦労様。おかげで明日から一週間安心し
　　て外国へ行けますよ。

女：みんなと相談して、昨日までに仕事が終わるよ
　　うに計画を立てていたんです。たまたま昨日は
　　私が遅くまで仕事をしましたが、一昨日は斎藤
　　さんと杉本さん、その前の日は鈴木さんと安部
　　さんが遅くまで仕事をしていたんです。

男：そうか、それは知らなかった。じゃあ、みんなに
　　もお礼を言わなきゃね。

女：いえ、仕事ですから。

男：ははは。そうか。みんながこんなに仕事熱心な
　　ら、うちの会社は私がいなくても大丈夫だね。

女：いえいえ、社長がいなくなっては困ります。毎朝
　　社長の大きな声を聞くと、今日も仕事を頑張ろ
　　うっていう気持ちになるんです。

男：そうか。それはうれしいな。

どうして社長は、「私がいなくても大丈夫だ」と言い
ましたか。

❶ 若い人が社長をしたほうがいいから

❷ みんなが一生懸命に仕事をしているから

❸ みんながあまり仕事をしないから

❹ 誰も社長の話を聞かないから

회사에서 사장과 부하가 이야기하고 있습니다. 왜 사장은, '내
가 없어도 문제없다'라고 말했습니까?

여 : 사장님, 안녕하세요.

남 : 안녕하세요. 아 노무라 씨. 어제는 늦게까지 수고했어요.
　　덕분에 내일부터 일주일 동안 안심하고 외국에 갈 수 있
　　어요.

여 : 모두와 상담해서, 어제까지 일이 끝나도록 계획을 세웠던
　　것입니다. 우연히 어제는 제가 늦게까지 일을 했습니다만,
　　그저께는 사이토 씨와 스기모토 씨, 그 전 날은 스즈끼 씨
　　와 아베 씨가 늦게까지 일을 했습니다.

남 : 그래? 그건 몰랐어. 그럼 모두에게 감사의 말을 해야겠

군.

여 : 아뇨, 일인데요 뭘.

남 : 하하하. 그래? 모두가 이렇게 일을 열심히 하니, 우리 회사는 내가 없어도 문제없군.

여 : 아뇨 그렇지 않습니다. 사장님이 안 계시면 곤란합니다. 매일아침 사장님의 큰 목소리를 들으면, 오늘도 일을 열심히 하자 하는 마음이 듭니다.

남 : 그래? 그건 기쁘군.

왜 사장은, '내가 없어도 문제없다'라고 말했습니까?

❶ 젊은 사람이 사장을 하는 편이 좋으니까
❷ 모두가 열심히 일을 하고 있으니까
❸ 모두가 별로 일을 안 하니까
❹ 아무도 사장의 이야기를 듣지 않으니까

정답 ❷

어휘 会社 회사　社長 사장　部下 부하
　　　大丈夫だ 문제없다　昨日 어제　遅い 늦다
　　　ご苦労様 수고했다　おかげで 덕분
　　　一週間 일주일　安心 안심　外国 외국　相談 상담
　　　仕事 일　終わる 끝나다
　　　計画を立てる 계획을 세우다　たまたま 우연히
　　　一昨日 그저께　日 날　お礼 감사　熱心 열심
　　　困る 곤란하다　毎朝 매일아침　声 목소리
　　　頑張る 열심히 하다　気持ち 기분

スーパーでイベントが終わった後、男の人が話しています。

男 : えー、みなさん。今日は本当にお疲れ様でした。今日のイベントでは、お客さんがたくさん来てくれて、商品もほとんど売ることができました。みなさんががんばって準備してくれたおかげです。ですが、ちょっと商品を見るだけで買わないで帰るお客さんもけっこういました。これは、たぶんお客さんがたくさん来ているのに、店員が少なかったからだと思います。ですから、込んで

いて忙しいときには、休憩しないでみんなで働くようにすればよかったですね。次のイベントも３カ月後にこの会場で行います。その時は商品が全部売れるようにがんばりましょう。

男の人は、商品をもっと売るためには、どうすればよかったと言っていますか。

❶ もっと広い場所で売ること
❷ もっと店員を少なくすること
❸ 忙しい時に休憩しないこと
❹ もっと早い時間から売ること

슈퍼에서 이벤트가 끝난 뒤, 남자가 이야기하고 있습니다.

남 : 흠, 여러분, 오늘은 정말로 수고하셨습니다. 오늘 이벤트에서는, 손님이 많이 와 주어서, 상품도 거의 팔 수가 있었습니다. 여러분이 열심히 해서 준비해 주었던 덕분입니다. 그러나, 잠시 상품을 보는 것만으로 사지 않고 돌아가는 손님도 상당히 있었습니다. 이것은, 아마 손님이 많이 와 있는데 점원이 적었기 때문이라고 생각합니다. 그래서, 붐비고 바쁠 때는 쉬지 않고 다같이 일하도록 했으면 좋았을 것입니다. 다음 이벤트도 3개월 후에 이 장소에서 행합니다. 그 때는 상품을 전부 팔 수 있도록 열심히 합시다.

남자는, 상품을 더욱 팔기 위해서는, 어떻게 하면 좋았다고 말하고 있습니까?

❶ 더욱 넓은 장소에서 팔 것
❷ 더욱 점원을 적게 할 것
❸ 바쁠 때에 쉬지 않는 것
❹ 더욱 빠른 시간부터 파는 것

정답 ❸

어휘 終わる 끝나다　本当に 정말로
　　　お疲れ様 수고했다　お客さん 손님　商品 상품
　　　ほとんど 거의　売る 팔다　がんばる 열심히 하다
　　　準備 준비　買う 사다　帰る 돌아가다
　　　けっこう 상당히　たぶん 아마　店員 점원
　　　少ない 적다　込む 붐비다　忙しい 바쁘다
　　　休憩 휴게　働く 일하다　次 다음
　　　～カ月後 ～개월 후　会場 행사는 하는 장소
　　　行う 행하다　全部 전부

2番  087

女の先生が教室で説明をしています。

女：えー、今日は田中先生は風邪を引いてお休みです。今日は自習になるのでこの時間は、みなさんに作文を書いてもらいます。「わたしの夢」について書いてください。わたしはこれから別のクラスで授業をします。先生はいませんが、みなさんうるさくしないでくださいね。

説明を聞いている生徒はこれから何をしますか。

❶ うちに帰る
❷ 別のクラスに移る
❸ 女の先生の授業を受ける
❹ 作文を書く

여자 선생님이 교실에서 설명하고 있습니다.

여：흠, 오늘은 다나카 선생님이 감기 들어서 쉽니다. 오늘은 자습이 되므로, 이 시간은, 여러분은 작문을 해 주세요.「나의 꿈」에 대해서 써 주세요. 나는 지금 다른 클래스에서 수업을 합니다. 선생님은 없지만, 여러분 떠들지 말아주세요.

설명을 듣고 있는 학생은 앞으로 무엇을 합니까?
❶ 집에 돌아간다
❷ 다른 클래스로 옮긴다
❸ 여자 선생님의 수업을 듣는다
❹ 작문을 쓴다

정답 ❹

어휘 教室 교실　説明 설명　風邪を引く 감기 들다
休む 쉬다　自習 자습　時間 시간　作文 작문
書く 쓰다　夢 꿈　別 다른　うるさい 시끄럽다
生徒 학생　受ける 받다　移る 옮기다

3番  088

タイから来た女の留学生が話しています。

女：みなさん、こんにちは。タイから来たコーキンです。日本に来て驚いたこと、それは、電車代がとても高いということです。だから乗るのが怖か

ったです。でも、今は日本の物価にも慣れて、電車もよく利用します。特に東京の地下鉄は大変便利だと思います。タイでは、いつも車で移動していました。電車は渋滞しないし、空気も悪くならないので、東京のようにどこにでも電車で移動できたらいいなと思います。

コーキンさんが電車のいい点を何だと言っていますか。

❶ 渋滞しないこと
❷ 料金が安いこと
❸ 24時間利用できること
❹ 事故がないこと

태국에서 온 여자 유학생이 이야기하고 있습니다.

여：여러분 안녕하세요. 태국에서 온 코킨입니다. 일본에 와서 놀랐던 것, 그것은 전철 요금이 매우 비쌌던 것입니다. 그래서 타는 것이 무서웠습니다. 그러나 지금은 일본의 물가에도 익숙해져서 전철도 자주 이용합니다. 특히 도쿄의 지하철은 매우 편리하다고 생각합니다. 태국에서는 항상 차로 이동하고 있었습니다. 전철은 막히지 않고, 공기도 나빠지지 않기 때문에 도쿄와 같이 어디든지 전철로 이동할 수 있다면 좋겠다고 생각합니다.

코킨씨가 전철의 좋은 점은 무엇이라고 말하고 있습니까.

❶ 막히지 않는 것
❷ 요금이 싼 것
❸ 24시간 이용할 수 있는 것
❹ 사고가 없는 것

정답 ❶

어휘 留学生 유학생　驚く 놀라다　頃 무렵　電車 전철
料金 요금　乗る 타다　怖い 무섭다　物価 물가
慣れる 익숙해지다　利用 이용　特に 특히
地下鉄 지하철　大変 매우　便利 편리　移動 이동
渋滞 정체　空気 공기

4番  089

男の人が自動販売機について話しています。

男：今年から、たばこの自動販売機が変わります。

今までは、だれでも自動販売機でたばこを買う
ことができました。ですが、今度から専用のカー
ドを持っていなければ、買うことができなくなり
ます。このカードは20歳以上の人しか持つこと
ができません。これは、19歳以下の若い人がた
ばこを吸わないようにするためです。また、この
カードは、電子マネーとしても使うことができま
す。ですから、財布からお金を出さなくても、こ
のカードを使ってたばこを買うことができて、便
利です。ただ、コンビニなどのお店では、このカ
ードがなくても、今まで通りたばこを買うことが
できます。

どうしてたばこの自動販売機が変わりますか。

❶ だれでもたばこを買えるようにするため
❷ いつでもたばこを買えるようにするため
❸ コンビニよりたばこが売れるようにするため
❹ 19歳以下の人がたばこを買えないようにするた
　め

남자가 자동판매기에 대해서 이야기하고 있습니다.

남 : 올해부터, 담배의 자동판매기가 바뀝니다. 지금까지는, 누
구라도 자동판매기에서 담배를 살 수가 있었습니다. 하지
만 이번부터 전용카드를 가지고 있지 않으면, 살 수가 없
게 됩니다. 이 카드는 20살 이상인 사람밖에 가질 수가 없
습니다. 이것은, 19살 이하의 젊은 사람이 담배를 피우지
않도록 하기 위한 것입니다. 또, 이 카드는, 전자머니로도
사용할 수가 있습니다. 그러므로 지갑에서 돈을 꺼내지 않
아도 이 카드를 사용해서 담배를 살 수가 있어서 편리합니
다. 단지, 편의점 등의 가게에서는 이 카드가 없어도 지금
까지 대로 담배를 살 수가 있습니다.

왜 담배의 자동판매기가 바뀝니까?

❶ 누구라도 담배를 살 수 있도록 하기 위해
❷ 언제든지 담배를 살 수 있도록 하기 위해
❸ 편의점에서 담배를 팔 수 있도록 하기 위해
❹ 19세 이하의 사람이 담배를 살 수 없도록 하기 위해

정답 ❹

어휘 自動販売機 자동판매기　今年 올해
　　　変わる 바뀌다　買う 사다　今度 이번, 다음 번
　　　専用 전용　持つ 들다, 가지다　以上 이상

以下 이하　若い 젊다　吸う 피우다　電子 전자
財布 지갑　出す 내다　使う 사용하다　便利 편리
店 가게　〜通り 〜대로

ツアーガイドがバスで話をしています。

女 : 皆様、隅田川の水上バスはいかがでしたか。川
の両岸に咲いた桜の花がとてもきれいだった
と思います。ちょうど今が一番見頃な時期です
ね。えー、さて次に参りますのは浅草です。浅草
には浅草寺(せんそうじ)という有名なお寺があ
ります。あ、皆様、浅草寺の漢字はお分かりです
か。実は浅草の寺と書いて浅草寺と読みます。
江戸時代から浅草寺の周りは下町の中心とし
てにぎやかな所でしたが、今もお寺の門から本
堂までの間にたくさんのお店が並んでいて、一
年中観光客で一杯です。あ、お寺の門が見えて
きましたね。あの門は雷門(かみなりもん)を呼
ばれ、浅草寺と共に大変有名です。

浅草寺はどんな漢字を書きますか。

❶ 江戸の寺
❷ 本堂の寺
❸ 下町の寺
❹ 浅草の寺

투어가이드가 버스에서 이야기하고 있습니다.

여 : 여러분, 스미다강의 수상버스는 어떠셨습니까? 강의 양
쪽 연안으로 핀 사쿠라가 매우 아름다웠다고 생각합니다.
때마침 최고로 아름다운 때이군요. 자. 그럼 다음으로 가
실 곳은 아사쿠사입니다. 아사쿠사에는 센소지라는 유명
한 절이 있습니다. 아, 여러분은 센소지라는 한자를 알고
계십니까? 실은 아사쿠사의 절이라고 쓰고 센소지라고 읽
습니다. 에도시대부터 센소지의 주위는 서민층이 모여 사
는 상인의 중심지로서 번화한 곳이었습니다만, 지금도 절
의 문부터 본 당까지의 문에 많은 가게들이 즐비해 있어
일년 내내 관광객으로 가득합니다. 아, 절의 문이 보이는
군요. 저 문은 카미나리몬이라고 불리며, 센소지와 함께
매우 유명합니다.

센소지는 어떤 한자를 씁니까?

① 에도의 절
② 본당의 절
③ 상인들의 절
④ 아사쿠사의 절

정답 ④

어휘 皆様 여러분　水上 수상　両岸 양안, 양쪽 강가
咲く 피다　花 꽃　身頃 볼만한 시기　時期 시기
さて 그런데　次 다음
参る 行く -가다·来る -오다 의 겸양어　有名 유명
寺 절　漢字 한자　分かる 알다　実は 실은
読む 읽다　時代 시절　回り 주변　下町 상인들 이
나 장인들이 많이 사는 지역　中心 중심
にぎやかだ 번화하다　所 곳　門 문
本堂 본당　間 사이　店 가게　並ぶ 줄서다
一年中 1년 내도록　観光客 관광객　一杯 가득
見える 보이다　〜と共に 〜와 함께

問題 Ⅳ

1番  091

男：この報告書どう書けばいいんだっけ？

女：1. 報告書は担当者に渡してください。

　　2. 先月のを参考にしてください。

　　3. みんなが分かるように言ってください。

남 : 이 보고서 어떻게 쓰면 되지?

여 : 1. 보고서는 담당자에게 건네 주세요.

　　2. 지난 달 것을 참고로 해 주세요.

　　3. 모두가 알 수 있도록 말해 주세요.

정답 ②

어휘 報告書 보고서　書く 쓰다　担当者 담당자
渡す 건네다　先月 지난 달　参考 참고
分かる 알다

2番  092

女：悪いんだけど、これコピーとって来てくれない。

男：1. コーヒーはあんまり好きじゃないよ。

　　2. はい、一部でいいでしょうか。

　　3. 悪いのはあなたでしょう。

여 : 미안하지만, 이것 복사해 주지 않을래?

남 : 1. 커피는 별로 좋아하지 않아.

　　2. 예, 한 부를 하면 됩니까?

　　3. 나쁜 것은 당신이잖아?

정답 ②

어휘 悪い 미안하다　あんまり 별로　一部 일부

3番  093

男：お願いだから、顔だけでも出してくれない。

女：1. もう、今日だけよ。堅苦しい雰囲気苦手なの知
　　ってるでしょ。

　　2. 顔に何かついてたらすぐに言ってくれればい
　　いのに。

　　3. 顔はあんまりだけど、性格のほうはすごくい
　　いわよ。

남 : 부탁이니 얼굴이라도 내밀지 않을래?

여 : 1. 젠장, 오늘 뿐이야. 딱딱한 분위기 싫어하는 것 알지?

　　2. 얼굴에 뭐가 묻었으면 바로 말해주면 좋을 텐데.

　　3. 얼굴을 별로 이지만 성격이 엄청 좋아.

정답 ①

어휘 顔 얼굴　今日 오늘
堅苦しい 딱딱하다, (격식에 치우쳐) 거북스럽다
雰囲気 분위기　苦手だ 서툴다, 싫어하다
性格 성격

4番  094

女：これ以上やっても切りがありませんね。

男：1. ええ、最後まで頑張ります。

　　2. ええ、もうやめます。

　　3. ええ、ギリギリ間に合います。

여 : 이 이상 해도 끝이 없군요.

남 : 1. 예, 끝까지 열심히 하겠습니다.

2. 예, 이제 그만두겠습니다.

3. 예, 아슬아슬하게 맞습니다.

정답 ❷

어휘 以上 이상　切り 끝　最後 마지막

頑張る 열심히 하다　やめる 그만두다

ギリギリ 아슬아슬　間に合う 양이나 시간에 맞다

5番  095

男：どうだい。びっくりしたろう。苦労したんだぜ。

女：1. まさかホントにやるとは思わなかったよ。

2. 努力したのに…、残念だね。

3. 苦労してもいいと思うわよ。

남：어때? 깜짝 놀랐지? 고생했어.

여：1. 설마 정말로 하리라고는 생각하지 못했어.

2. 노력했는데…, 유감이군.

3. 고생해도 좋다고 생각해.

정답 ❶

어휘 苦労 고생　まさか 설마　～とは ~하리라고는

努力 노력　残念 유감

6番 096

女：一度、腹を割って話さない？

男：1. そうですね、第三者に入ってもらいましょう。

2. そうですね、話の流れを整理し直した方が良さそうですね。

3. そうですね、本音で話し合いましょう。

여：한번, 탁 터놓고 이야기하지 않을래?

남：1. 맞아요, 제 3자를 개입시킵시다.

2. 맞아요, 이야기의 흐름을 새롭게 정리하는 편이 좋을 것 같군요.

3. 맞아요, 진심으로 대화합시다.

정답 ❸

어휘 一度 한번　腹を割る 진심을 털어놓다

第三者 제 3자　話 이야기　流れ 흐름　整理 정리

동사ます형+直す 새로 ~하다　良い 좋다

本音 진심　話し合う 대화하다

7番  097

男：悪いんだけど、ちょっと手貸してもらえないかな？

女：1. 持っているものはこれしかないけど、いいんですか。

2. すいません。こっちもちょっと立て込んでいるんです。

3. 貸しても返してくれないから嫌ですよ。

남：미안한데, 잠시 손 좀 빌릴 수 없을까?

여：1. 가지고 있는 것은 이것밖에 없는데 괜찮습니까?

2. 죄송합니다. 저도 일이 한꺼번에 겹쳐 있습니다.

3. 빌려주어도 돌려주지 않으니까 싫습니다.

정답 ❷

어휘 貸す 빌려주다　持つ 들다, 가지다

立て込む 일이 한꺼번에 겹치다

返す 돌려주다, 갚다　嫌だ 싫다

8番  098

女：山田君って友だちから何て呼ばれてるの？

男：1. 今呼ばれても手が離せません。

2. まだ招待されたことないなあ。

3.「山田けんじ」だから「山けん」。

여：야마다 군은 친구들로부터 뭐라고 불려？

남：1. 지금 불리워도 손을 뗄 수가 없습니다.

2. 아직 초대받은 적이 없어.

3.「야마다 켄지」여서「야마켄」.

정답 ❸

어휘 友だち 친구　呼ぶ 부르다

手が離せない 손을 뗄 수가 없다　招待 초대

9番  099

男：そんなこと絶対うそだい。ヨッシーは友達だもん。

女：1. 私の友達にもなるから心配しないで。

2. あなた一人で考えるもんじゃないわよ。

3. でも見たんだよ。うそじゃないもん。

남 : 그런 일을 무조건 거짓말이야. 요시는 친구인 걸.
여 : 1. 내 친구이기도 하니까 걱정하지마.
　　2. 당신 혼자서 생각하는 것이 아냐.
　　3. 하지만 봤어. 거짓말이 아냐.

정답 ❸

어휘 絶対 절대　うそ 거짓말　友達 친구　心配 걱정
　　考える 생각하다

10番  100

女：あちこちペンキがはがれていますよ。
男：1. きれいですね。
　　2. 今度塗り直しておきます。
　　3. 貼ってください。

여 : 여기저기에 페인트가 벗겨져 있어요.
남 : 1. 예쁘군요.
　　2. 이번에 새로 칠해 두겠습니다.
　　3. 붙여 주세요.

정답 ❷

어휘 はぐ 벗기다　今度 이번　塗り直す 새로 칠하다
　　〜ておく 〜해 두다　貼る 붙이다

11番  101

男：こんなところで何してるの？今日、休みなのかい。
女：1. あ、はい。創立記念日です。
　　2. あなたに会おうとしたんです。
　　3. 最近休みは全然ありませんよ。

남 : 이런 곳에서 뭐해? 오늘 쉬는 날이니?
여 : 1. 아, 예. 창립기념일입니다.
　　2. 당신을 만나려고 했습니다.
　　3. 최근 휴일은 전혀 없습니다.

정답 ❶

어휘 休み 휴일　創立記念日 창립기념일　会う 만나다
　　最近 최근　全然 전혀

12番  102

女：木村さんはこの機械が操作できる数少ない一
　　人なんですよ。
男：1. 貴重な存在だね。
　　2. 木村さんならできると思ったのに。
　　3. 一応みんなできるからね。

여 : 키무라 씨는 이 기계를 조작할 수 있는 적은 사람 중의 한
　　명입니다.
남 : 1. 귀중한 존재이군.
　　2. 키무라 씨라면 할 수 있다고 생각했는데.
　　3. 우선 전부 할 수 있으니까.

정답 ❶

어휘 機械 기계　操作 조작　数少ない 수가 적다
　　貴重 귀중　存在 존재　一応 일단, 우선

問題 Ⅴ

1番  103

友達3人が岡田君と野口君について話しています。
岡田君と野口君はどうしてケンカをしましたか。

男1：おいおい、どうしたの野口？すっげー機嫌悪そ
　　　うだったけど。
女　：さぁ…。
男2：あ、あれね。期末の国語と数学のせいだよ。
男1：あー、追試受けてたな、そういえば。
男2：そうそう。あいつ実は岡田のノート借りて勉強
　　　したんだよ。
女　：でも岡田君は大丈夫だったでしょう？
男2：そう。で、そのことを岡田がからかってたんだ
　　　よ。借りた野口は文句言える立場じゃないん
　　　だけど、逆ギレしてさ。短気だし。
男1：こえーこえー、関わんないほうがいいなこりゃ
　　　。とばっちり受けそうだし。
女　：うん。しばらく近づかないようにしないと。

岡田君と野口君はどうしてケンカをしましたか。

❶ 岡田君が野口君を馬鹿にしたから

❷ 岡田君がノートを貸してくれなかったから

❸ 野口君のほうが試験の成績がよかったから

❹ 野口君のせいで岡田君が追試を受けることになったから

친구 3명이 오카다 군과 노구치 군에 대해서 이야기하고 있습니다. 오카다 군과 노구치는 왜 싸움을 했습니까

남 1 : 이봐, 왜 그래 노구치? 무척 기분이 나빠 보이는데.

여 　: 글쎄...

남 2 : 아, 그것 말이지. 기말테스트의 국어와 수학 때문이야.

남 1 : 아, 맞다, 그러고 보니 추가시험 봤지.

남 2 : 맞아. 녀석 말이야, 실은 오카다의 노트 빌려서 공부했었거든.

여 　: 그래도 오카다군은 괜찮았었지?

남 2 : 맞아. 그래서, 그것을 오카다가 놀렸던 거야. 빌린 노구치는 불만을 말할 처지가 아니지만, 도리어 화를 내고 있는 거야. 원래 성미가 급하니깐

남 1 : 무섭다 무서워. 상관하지 않는 것이 좋아 이런 건. 괜히 피해를 입을 것 같으니깐.

여 　: 응. 한동안 가까이 가지 않도록 하지 않으면.

오카다 군과 노구치 군은 왜 싸움을 했습니까?

❶ 오카다 군이 노구치 군을 바보취급 했기 때문에

❷ 오카다 군이 노트를 빌려 주지 않았기 때문에

❸ 노구치 군 쪽이 시험 성적이 좋기 때문에

❹ 노구치 군 탓으로 오카다가 추가시험을 보게 되었기 때문에

정답 ❶

어휘 機嫌 심기, 마음　悪い 나쁘다　期末 기말
国語 국어　数学 수학　せい 탓　追試 추가 시험
受ける 시험을 치다　あいつ 저 녀석　実は 실은
借りる 빌리다　勉強 공부　大丈夫 문제없음
文句 불평　立場 입장　逆ギレ 도리어 화를 냄
短気 성급함　こえーこえー 무섭다 무서워
関わる 관련되다, 관여되다　近づく 다가가다
とばっちり 불똥, 연결

2番 104

先生と学生2人が経済について話しています。杉本君はどうしてこれから経済が悪くなると言っていますか。

男 1 : 昨日の「平成不況から抜け出すには」の宿題をしてきましたか?佐藤さんは?

女 　: 先生!やるにはやったんですけど、不況の原因は 1 つじゃないと思うんです。それで、結局うまくまとまらなかったんですけど。

男 1 : そうか。もちろん原因は 1 つじゃないし、対策も 1 つじゃないから、答えも千差万別。いろいろなものが出るのも当然ですよ。

男 2 : 先生、僕は、これでもまだいい方だと思うんです。というのも、バブル崩壊からずいぶん経つのに不況だ不況だって、一向によくなりませんよね。その間、団塊世代の退職、人口減少、社会保険の負担増など、社会も変化してきました。世界的な経済状況を考えた時、もう昔のような好景気が来るとは思えないし、今でも維持するのがやっとって感じがするんですが。

女 　: そうかな。杉本君はちょっとネガティブすぎなんじゃない。私は日本企業の技術力の高さをもっと評価すべきだし、環境社会への転換をいち早く進めれば、新しい雇用や税収増も可能だと思います。

男 1 : よし、いろいろな意見があるけど、これからそれを分野ごとにまとめてみよう。

杉本君はどうしてこれから経済が悪くなると言っていますか。

❶ 日本企業の技術力に問題があるから

❷ 環境社会への転換が遅いから

❸ 今の状況がまだましだと思っているから

❹ バブルが崩壊したから

선생님과 학생 두 사람이 경제에 대해서 이야기하고 있습니다. 스기모토 군은 왜 앞으로 경제가 나빠진다고 말하고 있습니까?

남 1 : 어제 「헤이세이 불황에서 빠져나오려면」이라는 숙제를 해 왔습니까? 사토 씨는?

여 　: 선생님! 하기는 했습니다만 불황의 원인은 하나가 아니라고 생각합니다. 그래서 결국 잘 정리되지 않았습니다만.

남 1 : 그래? 물론 원인은 하나가 아니고, 대책도 하나가 아니니까 대답도 천차만별. 여러 가지 내용이 나오는 것도 당연합니다.

남 2 : 선생님, 저는 이것으로도 아직 괜찮은 편이라고 생각합니다. 라는 것도 버블붕괴에서 상당히 시간이 흘렀는데 불황이라고 계속하는데, 전혀 좋아지지 않고요. 그러는 동안, 단괴세대의 퇴직, 인구감소, 사회보험의 부담 증가 등, 사회도 변화해 왔습니다. 세계적인 경제상황을 생각했을 때, 이제 옛날 같은 호경기가 오리라고는 생각할 수 없고, 지금도 유지하는 것이 고작이라는 느낌이 듭니다만.

여 : 글쎄. 스기모토 군은 좀 지나치게 부정적이지 않아? 나는 일본기업의 기술력이 높은 것을 더욱 평가해야 하고, 환경사회로의 전환을 좀 더 빨리 진행하면 새로운 고용이랑 세수 증가도 가능하다고 생각합니다.

남 1 : 좋아, 여러 가지 의견이 있지만, 앞으로 그것을 분야별로 정리해 보자.

스기모토 군은 왜 앞으로 경제가 나빠진다고 말하고 있습니까?

❶ 일본기업의 기술력에 문제가 있기 때문에

❷ 환경사회로의 전환이 늦기 때문에

❸ 지금의 상황이 아직 더 낫다고 생각하고 있기 때문에

❹ 버블이 붕괴했기 때문에

정답 ❸

어휘 経済 경제　悪い 나쁘다　昨日 어제

平成不況 1990년대의 버블붕괴에 의한 10년 간의 불황

抜け出す 빠져나오다　宿題 숙제　原因 원인

結局 결국　まとまる 정리되다　対策 대책

答え 대답　千差万別 천차만별　当然 당연　僕 나

崩壊 붕괴　ずいぶん 상당히　経つ 경과하다

一向に 전혀　その間 그러는 동안

団塊世代 제2차 세계대전 직후 일본에서, 1947년부

터 1949년까지의 베이비붐으로 태어난 세대

退職 퇴직　人口 인구　減少 감소

社会保険 사회보험　負担増 부담이 증가함

変化 변화　世界的 세계적　昔 옛날

好景気 호경기　維持 유지　やっと 겨우

感じ 느낌　ネガティブ 부정적　企業 기업

技術力 기술력　評価 평가　環境 환경　転換 전환

いち早く 하루빨리　進める 진행하다　雇用 고용

税収増 세금 수입 증가　可能 가능　意見 의견

分野 분야　～ごとに ~별, ~마다

3番　　105

男の人がゼミ旅行について話しています。

男1 : 今回、ゼミの卒業旅行についてアンケートをとりたいと思います。場所は長野のスキー場です。泊まる旅館によって値段や施設が違ってくるのでよく聞いてください。まず、高い順にいうと、1泊3万のA旅館と1泊1万5千円のB旅館、1万円のC旅館とD旅館があります。A旅館は高いですが料理やサービスは本当に満足できると思います。また、各部屋に露天風呂があるそうです。B旅館は伝統的で歴史ある有名旅館です。A旅館より安いのですがちょっと古いそうです。C旅館は、朝夕の食事はすべて食堂でバイキングだそうです。もう一つのD旅館は、ビジネスホテル＋（プラス）温泉のような感じのところで、ちょっと狭いそうです。ここは朝食のみも大丈夫だそうです。皆さんどう思いますか。

女 : せっかくの卒業記念旅行なんだから派手に行きましょうよ。

男2 : え、でも高すぎるんじゃない？おいしいものは外にもあるんだし。

女 : でも、スキーして疲れた体で好きな時に気を使わないで温泉に入りたいわよ。

男2 : 学生に3万は負担だよ。温泉はどの旅館にもあるし、それにスキーしに行くんだから。

女 : そんなに高い所が嫌なら、B旅館にしましょうよ。半額よ。

男2 : でも古いでしょ？

女 : じゃ、1万円の旅館のどこがいいって言うのよ。

男2 : そりゃ、安い代わりにおいしいもの食べたかったら外に行ける所だよ。

質問 1 男の人が泊まりたい旅館はどこですか。

❶ A 旅館

❷ B 旅館

❸ C 旅館

❹ D 旅館

質問 2 女の人が泊まりたい旅館はどこですか。

❶ A 旅館

❷ B 旅館

❸ C 旅館

❹ D 旅館

남자가 세미나 여행에 대해서 말하고 있습니다.

남1 : 이번 세미나 졸업여행에 대해서 앙케트를 조사를 하려고 합니다. 장소는 나가노 스키장입니다. 숙박할 료칸에 따라 가격이나 시설이 다르기 때문에 잘 들어 주세요. 우선 비싼 순서로 말씀드리자면 1박 3만 엔의 A료칸과 1박 만 5천 엔의 B료칸, 만 엔의 C료칸과 D료칸이 있습니다. A료칸은 비싸지만 요리나 서비스는 정말로 만족하실 수 있을 거라 생각됩니다. 또한 각 방에 노천탕이 있다고 합니다. B료칸은 전통적이고 역사 있는 유명한 료칸입니다. A료칸보다 저렴합니다만 조금 오래되었다고 합니다. C료칸은 아침저녁 식사는 모두 식당에서 뷔페라고 합니다. 다른 하나인 D료칸은 비즈니스 호텔+온천 같은 느낌의 곳으로 조금 작다고 합니다. 여기는 조식만으로도 괜찮다고 합니다. 여러분은 어떻게 생각하십니까?

여   : 모처럼의 졸업기념 여행이니까 비싼 데로 가자.

남2 : 뭐? 하지만 너무 비싸지 않아? 맛있는 건 밖에도 있고.

여   : 하지만 스키 타고 피곤한 몸으로, 아무 때나 신경 쓰지 않고 온천에 들어가고 싶다고.

남2 : 학생에게 3만 엔은 부담이야. 온천은 어느 료칸에나 있고, 게다가 스키 타러 가는 거니까.

여   : 그렇게 비싼 데가 싫으면, B료칸으로 하자. 반값이야.

남2 : 하지만 오래 된 곳이지?

여   : 그럼, 만 엔 짜리 료칸의 어디가 좋다고 하는 거야?

남2 : 그건 싼 대신에 맛있는 게 먹고 싶으면 밖에 나갈 수 있다는 점이지.

질문1 남자가 머물고 싶은 여관은 어디입니까?

❶ A여관

❷ B여관

❸ C여관

❹ D여관

질문2 여자가 머물고 싶은 여관은 어디입니까?

❶ A여관

❷ B여관

❸ C여관

❹ D여관

해법 여자가 가고싶어하는 료칸은 「でも、スキーして疲れた体で好きな時に気を使わないで温泉に入りたいわよ」라고 하며, 숙박과 온천을 겸할 수 있는 곳을 원하고 있다. 거기에 반해 남자는 「そりゃ、安い代わりにおいしいもの食べたかったら外に行ける所だよ」라고 하는데, 만 엔 짜리 료칸은 C와 D 두 군데가 있지만, 맛있는 것을 먹고 싶을 때는 밖에 나갈 수 있다고 했으므로, 정답은 D가 되는 것이다.

관련어휘 食べ放題 시간을 정해놓고 마음대로 먹을 수 있는 시스템　飲み放題 시간을 정해놓고 마음대로 마실 수 있는 시스템　個室 개인실　相部屋 다인실　満室 만일　空室 공실

정답 1. ❹　　　　2. ❶

어휘 旅行 여행　今回 이번　卒業 졸업　場所 장소　泊まる 머물다　旅館 여관　値段 가격　施設 시설　違う 다르다　順 순서　料理 요리　本当に 정말로　満足 만족　各部屋 각 방　露天風呂 노천온천　伝統的 전통적　歴史 역사　有名 유명　朝夕 아침저녁　食堂 식당　バイキング 뷔페식　温泉 온천　感じ 느낌　狭い 좁다　朝食 조식　のみ 뿐, 만　大丈夫だ 문제없다　せっかく 모처럼　記念 기념　派手だ 화려하다　外 밖　疲れる 피곤하다　体 몸　気を使う 신경 쓰다　負担 부담　嫌だ 싫다　半額 반액　古い 오래되다　代わりに 대신에

청해 정답

問題Ⅰ 1番 ❶ 2番 ❸ 3番 ❷ 4番 ❶ 5番 ❶
問題Ⅱ 1番 ❷ 2番 ❸ 3番 ❹ 4番 ❷ 5番 ❷
　　　 6番 ❸
問題Ⅲ 1番 ❸ 2番 ❸ 3番 ❶ 4番 ❷ 5番 ❷
問題Ⅳ 1番 ❷ 2番 ❷ 3番 ❸ 4番 ❶ 5番 ❷
　　　 6番 ❶ 7番 ❶ 8番 ❸ 9番 ❷ 10番 ❸
　　　 11番 ❶ 12番 ❶
問題Ⅴ 1番 ❹ 2番 ❹ 3番 1) ❶ 2) ❷

問題 Ⅰ

1番　106

男の留学生と女の人が話しています。月水金に捨てられるゴミはどれですか。

男：あのう、すみません。燃えるゴミって何ですか。

女：紙とか雑誌などの紙類のゴミのことです。空き缶とか瓶などは燃えないゴミと言います。

男：そうですか。では…、今日は本とかを捨ててもいいんですよね？

女：はい。月水金は燃えるゴミで、火木は燃えないゴミです。あ、土曜はリサイクルです。

男：リサイクルって…？

女：再利用できるゴミのことです。

男：では、机や椅子はいつ捨てられますか。

女：それは粗大ゴミといって毎月15日です。あ、ペットボトルもリサイクルゴミとして扱ってください。

男：あ、そうですか。ありがとうございます。

남자 유학생과 여자가 이야기하고 있습니다. 월수금에 버릴 수 있는 쓰레기는 어느 것입니까?

남 : 저, 실례합니다. 가연성 쓰레기라는 것은 무엇입니까?

여 : 종이라던가 잡지 등의 종이 종류를 말하는 것입니다. 빈 캔이나 병 등은 불연성 쓰레기라고 합니다.

남 : 그렇습니까? 그럼…, 오늘은 책 등을 버려도 되겠군요.

여 : 예. 월수금은 가연성 쓰레기이고, 화목은 불연성쓰레기입니다. 아, 토요일은 리사이클입니다.

남 : 리사이클이라는 것은…?

여 : 재활용할 수 있는 쓰레기를 말하는 것입니다.

남 : 그럼, 책상이나 의자는 언제 버릴 수 있습니까?

여 : 그것은 대형쓰레기라고 하여 매월 15일입니다. 아, 페트병은 리사이클 쓰레기로서 취급하고 있습니다.

남 : 아, 그렇습니까? 고맙습니다.

정답 ❶

어휘　留学生 유학생　月水金 월수금　捨てる 버리다
　　　燃える 타다　紙 종이　雑誌 잡지　紙類 종이 종류
　　　空き缶 빈 캔　瓶 병　本 책　火木 화·목
　　　土曜 토요일　再利用 재활용　机 책상　椅子 의자
　　　粗大ゴミ 대형쓰레기　毎月 매월　扱う 취급하다

2番　107

夫婦が子供の誕生日パーティーの準備をしています。夫がこれから準備するものは何ですか。

男：誕生日パーティーの準備終わった？

女：えーっと、食べ物は全部作り終わったし、プレゼントはここにあるでしょ。ケーキは予約したんだけど、まだ取りに行ってないのよ。お願いね。

男：どこに行けばいいの？予約したの？いつも行ってるパン屋？

女：ううん、洋菓子の島田屋に予約したから、ちょっと取りに行ってきてよ。車じゃないと無理だから。早く行ってきてね。もうそろそろお客さんも来るころだから。

男：そっか。わかった。他に要るものある？お菓子とか飲み物とかも準備した？

女：あっ、飲み物忘れてた。

男：え、もうすぐ始まるのに飲み物なかったらダメじゃない。じゃ、コンビニも行ってくるよ。

女：お願いね。

부부가 아이의 생일파티준비를 하고 있습니다. 남편이 지금부터 준비하는 것은 무엇입니까?

남 : 생일파티준비 끝났니?

여 : 음, 음식은 전부 다 만들었고, 선물은 여기에 있지? 케이크는 예약했는데 아직 가지러 가지 않았어. 부탁해.

남 : 어디로 가면 되? 예약했어? 늘 가는 빵집이야?

여 : 아니, 양과자를 만드는 시마다 빵집에 예약했으니, 좀 찾으러 갔다 와. 차를 타지 않으면 안 될 거리이니까. 빨리 갔다 와 줘. 이제 슬슬 손님이 올 때가 되었으니.

남 : 그래? 알았어. 그 외에 필요한 것 있어? 과자나 음료수도 준비했어?

여 : 아, 음료수 잊었어.

남 : 뭐, 이제 곧 시작되는데 음료수가 없으면 안 되잖아. 그럼, 편의점도 다녀올게.

여 : 부탁해.

정답 ❸

어휘 夫婦 부부　誕生日 생일　準備 준비　夫 남편
終わる 끝나다　食べ物 음식　全部 전부
作り終わる 만드는 것을 끝내다　予約 예약
洋菓子 양과자　無理 무리　他 다른　要る 필요하다
お菓子 과자　飲み物 음료수　忘れる 잊다
始まる 시작되다

3番　💿 108

電話で女の人と男の人が話しています。女の人はこのあとどうしますか。

女 : はい、大和印刷でございます。

男 : 東京スーパーの木村ですが。

女 : あ、木村様、いつもお世話になっております。

男 : こちらこそ。あのう、佐藤さんはいらっしゃいますか。

女 : 佐藤はあいにく席を外しておりますが。

男 : そうしましたら、ご伝言をお願いできますか。

女 : はい、どうぞ。

男 : 今朝送っていただいた広告の原稿なんですが、いつもより地味な感じがしますので、もう少し目立つ配色に変えていただきたいんですが。

女 : かしこまりました。佐藤が戻り次第伝えます。

女の人はこのあとどうしますか。

❶ 佐藤さんにすぐ戻るように伝える
❷ 佐藤さんに木村さんの伝言を伝える
❸ 佐藤さんの代わりに印刷する
❹ 木村さんに佐藤さんの居場所を教える

電話で女子와 남자가 이야기하고 있습니다. 여자는 이 후 어떻게 합니까?

여 : 예, 다이와 인쇄입니다.

남 : 도쿄 슈퍼의 키무라입니다만.

여 : 아, 키무라 씨, 항상 신세를 지고 있습니다.

남 : 저야말로. 저, 사토 씨는 계십니까?

여 : 사토는 마침 자리에 없습니다만.

남 : 그러면 메모를 부탁할 수 있겠습니까?

여 : 예, 말씀하세요.

남 : 오늘아침 보내주신 광고의 원고입니다만, 평소보다 좀 수수한 느낌이 드니까 조금 더 눈에 띄는 배색으로 바꾸어 주기를 바랍니다만.

여 : 알겠습니다. 사토가 돌아오는 대로 전하겠습니다.

여자는 이 후 어떻게 합니까?

❶ 사토 씨에게 바로 돌아오도록 전한다
❷ 사토 씨에게 키무라 씨의 메모를 전한다
❸ 사토 씨 대신에 인쇄를 한다
❹ 키무라 씨에게 사토 씨의 있는 장소를 가르쳐 준다

정답 ❷

어휘 電話 전화　印刷 인쇄　お世話になる 신세를 지다
いらっしゃる いる -있다 의 존경어
あいにく 공교롭게도, 때마침　席を外す 자리를 비우다
伝言 메도, 전언　今朝 오늘아침　送る 보내다　広告 광고
原稿 원고　地味だ 수수하다　感じ 느낌　少し 조금
目立つ 눈에 띄다　配色 배색　変える 바꾸다
かしこまる「わかる -알다 의 겸양어　戻る 되돌아오다
동사ます형+次第 ~대로

4番　💿 109

女の人と男の人がヨーグルトについて話しています。男の人はこのあとどうしますか。

女 : 山田さんはヨーグルトが好きですか。

男 : 私は牛乳を飲むとお腹の調子が悪くなるので、子供の頃から乳製品はあまり食べないんです。

女 : えー!?ヨーグルトはそんなの関係ないのに。反対にお腹の調子をよくしてくれるんですよ。

男 : でも〜、ちょっと不安で…。

女 : 一回だまされたと思って、食べてみて。

男：じゃあ、いただきます。

女：はい、どうぞ。本当は夜食べると一番いいみたいなんですけどね。

男の人はこのあとどうしますか。

❶ ヨーグルトを食べる

❷ ヨーグルトを買いに行く

❸ ヨーグルトを作る

❹ 病院に行く

여자와 남자가 요구르트에 대해서 이야기하고 있습니다. 남자는 이 후 어떻게 합니까?

여 : 야마다 씨는 요구르트를 좋아합니까?

남 : 저는 우유를 마시면 배가 아프기 때문에 어릴 때부터 유제품은 별로 먹지 않습니다.

여 : 예? 요구르트는 그것과는 관계가 없는데. 반대로 배를 좋게 해 줍니다.

남 : 하지만~. 좀 불안해서….

여 : 한번 속은 셈치고 먹어 봐.

남 : 그럼, 잘 먹겠습니다.

여 : 예, 여기에 있습니다. 원래는 밤에 먹으면 가장 좋은 것 같습니다만.

남자는 이 후 어떻게 합니까?

❶ 요구르트를 먹는다

❷ 요구르트를 사러 간다

❸ 요구르트를 만든다

❹ 병원에 간다

정답 ❶

어휘 牛乳 우유　作る 만들다　飲む 마시다　お腹 배　調子 상태, 컨디션　悪い 나쁘다　頃 무렵　乳製品 유제품　関係 관계　反対 반대　不安 불안　だます 속이다　本当 정말, 진짜　夜 밤　一番 가장

5番 🔘 110

男の人と女の人がパーティーについて話しています。来週の金曜日の6時に何がありますか。

女：来週の金曜日で会社ができてちょうど20年になります。記念パーティーがありますから、全員出席してください。

男：パーティーは何時から何時までですか。

女：午後6時から9時までです。

男：その日の5時に取引先とのミーティングがあるので、7時ごろに行ってもいいですか。

女：うーん、そうですね。できるだけ6時に集まってください。最初に全員で記念写真を撮りますから。その後社長のあいさつがあって、パーティーが始まります。

男：じゃあ、社長のあいさつは6時半ぐらいになるでしょうか。

女：そうですね。あと、ちょっとしたゲームや記念品もありますよ。

来週の金曜日の6時に何がありますか。

❶ 写真撮影がある

❷ ミーティングがある

❸ 社長のあいさつがある

❹ 記念物を配る

남자와 여자가 파티에 대해서 이야기하고 있습니다. 다음주 금요일 6시에 무엇이 있습니까?

여 : 다음주 금요일로 회사가 생긴지 딱 20년이 됩니다. 기념파티가 있으니, 전원 출석해 주세요.

남 : 파티는 몇 시부터 몇 시까지입니까?

여 : 오후 6시부터 9시까지입니다.

남 : 그 날 5시에 거래처와의 미팅이 있기 때문에, 7시경에 가도 좋습니까?

여 : 흠, 글쎄요. 가능한 한 6시에 모여 주세요. 먼저 다같이 기념사진을 찍으니까. 그 뒤 사장님의 인사가 있고, 파티가 시작됩니다.

남 : 그럼, 사장님의 인사는 6시 반 정도가 됩니까?

여 : 그렇습니다. 그 뒤에 작은 게임과 기념품도 있습니다.

다음주 금요일 6시에 무엇이 있습니까?

❶ 사진촬영이 있다

❷ 미팅이 있다

❸ 사장님의 인사가 있다

❹ 기념물을 나누어준다

정답 ❶

어휘 来週 다음 주　会社 회사　ちょうど 마침, 딱　記念 기념　全員 전원　出席 출석　日 날

取引先 거래처　できるだけ 가능한 한
集まる 모이다　最初 처음　写真 사진
撮る 찍다　始まる 시작되다　半 반
終わる 끝나다　記念品 기념품

1番  111

男の人が女の人に映画を見に行こうと誘っています。女の人はなぜ映画を見に行きませんか。

男 : 今夜一緒に映画を見に行かない?ちょうどチケットが2枚あるんだ。

女 : うーん。レポートを書かなきゃいけないから、今夜は無理。

男 : え!?レポートって経済のレポート?

女 : そうよ。

男 : あれって、締め切りは1週間あとだよ。

女 : 知ってるわよ。だから明日までに書いて、その後のんびりしたいの。

男 : えー!?

女 : 早く終わらせた方が気分がいいもの。どうせ必ず書かなきゃいけないんだから。

男 : 僕はぎりぎりに書くのが好きなんだけどなあ。

女の人はなぜ映画を見に行きませんか。

❶ レポートの締め切りが今夜だから
❷ 明日までにレポートを書きたいから
❸ 一度見た映画だから
❹ 他の人と見たいから

남자가 여자에게 영화를 보러 가자고 권유하고 있습니다. 여자는 왜 영화를 보러 가지 않습니까?

남 : 오늘밤 함께 영화 보러 가지 않을래? 마침 티켓이 두 장 있어.

여 : 흠. 리포트를 써야하니 오늘밤은 힘들어.

남 : 뭐? 리포트라고 하면 경제리포트?

여 : 맞아.

남 : 그거 마감은 일주일 뒤야.

여 : 알고 있어. 그래서 내일까지 쓰고 그 뒤 느긋하게 보내

고 싶어.

남 : 뭐?

여 : 빨리 끝내는 편이 마음이 편안해. 어차피 반드시 써야 할 일이니까.

남 : 나는 마감 아슬아슬하게 쓰는 것을 좋아하는데.

여자는 왜 영화를 보러 가지 않습니까?

❶ 리포트의 마감이 오늘밤이니까
❷ 내일까지 리포트를 쓰고싶으니까
❸ 한번 본 영화이니까
❹ 다른 사람과 보고싶으니까

정답 ❷

어휘 映画 영화　誘う 권유하다　今夜 오늘밤　枚 장
書く 쓰다　無理 무리　経済 경제　締め切り 마감
週間 주일　知る 알다　明日 내일　その後 그 뒤
のんびり 느긋함　早く 빨리　終わる 끝나다
気分 마음, 기분　必ず 반드시　僕 나
ぎりぎり 아슬아슬

2番  112

女の人と男の人が話しています。男の人が転職した理由は何ですか。

女 : 今度の会社、どう?

男 : うーん…。ちょっと思ってたのと違うかな…。

女 : ええ?

男 : もう少し自分の専門が発揮できると思ったんだけど。

女 : 専門を生かして仕事ができるなんて、めったにないでしょ。

男 : でも、前の会社では、社長が僕の専門性をかってくれてたんだけどなあ。

女 : 小さくていつつぶれるか分からない会社だって言ってたじゃない?

男 : うん。それで転職したんだけど…。なんか今はみんな与えられた仕事を淡々とこなして、できるだけ早く家に帰るって感じ。

女 : でも、それだけトラブルも少ないんだからそれ

청해

청해
실전모의
테스트

くらい我慢したら?

男の人が転職した理由は何ですか。

❶ 専門を生かした仕事がしたかったから

❷ 新しい才能を発見したかったから

❸ 経営が安定した会社で働きたかったから

❹ やりがいのある仕事がしたかったから

여자와 남자가 이야기하고 있습니다. 남자가 전직한 이유는 무엇입니까?

여 : 이번 회사는 어때?

남 : 흠…. 좀 생각했던 것과 다르다고나 할까….

여 : 뭐?

남 : 좀더 자신의 전공을 발휘할 수 있을 것이라고 생각했는데.

여 : 전공을 살려서 일을 하는 것은 좀처럼 없어.

남 : 하지만 앞 회사에서는 사장님이 나의 전문성을 사 주었는데.

여 : (회사가) 작아서 언제 망할지 모르는 회사라고 말하지 않았니?

남 : 응, 그래서 전직했지만…. 왠지 지금은 모두가 주어진 일을 담담히 처리하고, 가능한 한 빨리 집에 돌아간다는 느낌이야.

여 : 하지만 그만큼 문제가 없으니 그 정도는 참고 근무해.

남자가 전직한 이유는 무엇입니까?

❶ 전공을 살린 일을 하고 싶었기 때문에

❷ 새로운 재능을 발견하고 싶었기 때문에

❸ 경영이 안정된 회사에서 근무하고 싶었기 때문에

❹ 보람이 있는 일을 하고 싶었기 때문에

정답 ❸

어휘 転職 전직 理由 이유 今度 이번 会社 회사
違う 다르다 少し 조금 専門 전문 発揮 발휘
生かす 살리다 仕事 일
～なんて ～따위, ～은,는
めったに 좀처럼 前 전 社長 사장 僕 나
小さい 작다 つぶれる 망하다 分かる 알다
与える 주다 淡々と 담담히 早く 빨리
帰る 돌아가다 感じ 느낌 我慢する 참다

3番 🔘 **113**

友だち二人が学校で話しています。サチコさんが最

後に「ありがとう」と言ったのはなぜですか。

男 : あ、サチコさん。

女 : あ、ワンさん、久しぶり。

男 : ほんと、久しぶり。サチコさんは国際経済の授業、やめたの?全然会わないけど。

女 : うん、なんだか難しくて。

男 : でも、将来役に立つと思うよ。

女 : そうかなあ。ワンさんはどうして受けてるの?卒業したら日本で就職するとか?

男 : うん、そのつもり。5年くらい勤めたら、中国に帰って自分で会社を作りたいと思ってて。

女 : なるほど!それなら国際経済の勉強は役に立ちそうね。

男 : サチコさんは?

女 : あたしは小学校の先生。子供の頃から夢だったの。

男 : いいね。サチコさんは明るくて優しいから、子供たちに人気の先生になれると思うよ。

女 : ありがとう。

サチコさんが最後に「ありがとう」と言ったのはなぜですか。

❶ ワンさんが相談してくれたから

❷ 夢が実現したから

❸ ワンさんが好きだから

❹ ワンさんにほめられたから

친구 두 사람이 학교에서 이야기하고 있습니다. 사치코 씨가 마지막에 '고마워'라고 말하는 것은 왜입니까?

남 : 아, 사치코 씨.

여 : 아, 왕, 오랜만이야.

남 : 정말 오랜만이야. 사치코 씨는 국제경제의 수업 그만 두었어? 전혀 안 보이던데.

여 : 응, 왠지 어려웠어.

남 : 하지만, 장래에 도움이 될 거라고 생각해.

여 : 그럴까? 왕은 왜 수업을 들어? 졸업하면 일본에서 취직한다던가 하는 이유로?

남 : 응, 그럴 생각이야. 5년 정도 근무하면 중국에 돌아가서 스스로 회사를 만들고 싶다고 생각해.

여 : 정말! 그렇다면 국제경제의 공부는 도움이 될 것 같아.

남 : 사치코 씨는?

여 : 나는 초등학교 선생님. 어릴 때부터 꿈이었어.
남 : 좋군. 사치코 씨는 밝고 상냥해서 아이들에게 인기가 있는
　　 선생님이 될 수 있을 거라고 생각해.
여 : 고마워.

사치코 씨가 마지막에 '고마워'라고 말하는 것은 왜입니까?

❶ 왕이 상담해 주었으니까
❷ 꿈이 실현되었기 때문에
❸ 왕을 좋아하니까
❹ 왕에게 칭찬 받아서

정답 ❹

어휘 友だち 친구　学校 학교　最後 마지막
　　 久しぶり 오랜만　国際 국제　経済 경제
　　 授業 수업　全然 전혀　会う 만나다
　　 難しい 어렵다　将来 장래　役に立つ 도움이 되다
　　 卒業 졸업　就職 취직　勤める 근무하다
　　 会社 회사　作る 만들다　勉強 공부
　　 小学校 초등학교　頃 무렵　夢 꿈　明るい 밝다
　　 優しい 상냥하다　人気 인기

4番  114

会社の同僚二人が話しています。男の人は女の人にどんなことを頼みましたか。

男 : 杉本さん、タイ語ができますよね？
女 : ええ、大学の頃、タイに留学したことがありますから。
男 : 実は、今、大和電気にタイからお客さんが来ているんです。今日の午後、私と一緒に大和電気に行ってくれませんか。お客さんにうちの会社の製品について、タイ語で説明してほしいんです。
女 : はい、わかりました。
男 : それはよかった。じゃ、午前中に説明する製品のカタログを読んでおいてください。
女 : はい。
男 : それから、カタログを読んで分からないことがあったら、山下さんに聞いてください。
女 : はい。

男の人は女の人にどんなことを頼みましたか。

❶ 大和電気の人をタイに連れて行くこと
❷ タイ語で製品について説明すること
❸ 製品のカタログをタイ語に翻訳すること。
❹ 山下さんにタイ語を教えること

회사 동료 두 사람이 이야기하고 있습니다. 남자는 여자에게 어떤 것을 부탁했습니까?

남 : 스기모토 씨, 태국어를 할 수 있죠?
여 : 예, 대학 때 태국에 유학한 적이 있으니까.
남 : 실은, 지금 다이와 전기에 태국으로부터 손님이 와 있습니다. 오늘 오후 저와 함께 다이와 전기에 가 주지 않겠습니까? 손님에게 우리회사의 제품에 대해서 태국어로 설명해 주기를 바랍니다.
여 : 예, 알겠습니다.
남 : 그거 다행이야. 그럼, 오전 중에 설명할 제품의 카탈로그를 읽어 둬 주세요.
여 : 예.
남 : 그리고 나서 카탈로그를 읽고 모르는 부분이 있으면 야마시타 씨에게 물어주세요.
여 : 예.

남자는 여자에게 어떤 것을 부탁하고 있습니까?

❶ 다이와 전기에 근무하는 사람을 태국으로 데리고 가는 것
❷ 태국어로 제품에 대해서 설명하는 것
❸ 태국어로 제품의 카탈로그를 번역하는 것
❹ 야마시타 씨에게 태국어를 가르치는 것

정답 ❷

어휘 会社 회사　同僚 동료　頼む 부탁하다　～語 ~어
　　 大学 대학　留学 유학　実は 실은　電気 전기
　　 お客さん 손님　午後 오후　一緒に 함께
　　 製品 제품　説明 설명　午前中 오전 중　読む 읽다
　　 聞く 묻다

5番  115

ラジオで女の人と男の人が話しています。大学一年生がよく「五月病」になるのはどうしてですか。

女 : 今日は「五月病」について専門家の高橋先生に

お話を伺いたいと思います。

男：えー、「五月病」というのは、五月になると、何も
したくなくなって、勉強や仕事に集中できなく
なってしまう病気です。ただ、これは正式な病気
の名前ではないんですけどね。

女：大学生が、よく「五月病」になると聞きますが。

男：ええ。特に、大学一年生がよくなりますね。これ
は「五月病」がストレスと関係あるからです。新
入生は、四月に入学したばかりです。それで、新
しい生活や環境に慣れようとしてがんばります
ね。それが、ストレスになるんです。四月は大丈
夫でも、一ヶ月後ぐらいに疲れが出てしまうん
です。

女：なるほど。それでは、五月病にならないようにす
るにはどうすればいいですか。

男：スポーツや読書など、自分に合った方法でリラ
ックスして、ストレスをためないようにすること
が大事です。

大学一年生がよく「五月病」になるのはどうしてです
か。

❶ 疲れやすい時期だから

❷ ストレスがたまりやすい時期だから

❸ スポーツや読書をしないから

❹ 勉強ばかりしているから

라디오에서 여자와 남자가 이야기하고 있습니다. 대학교 1학
년이 자주 '5월병'에 걸리는 것은 왜입니까?

여 : 오늘은 '5월병'에 대해서 전문가인 타카하시 선생님에게
이야기를 여쭙겠습니다.

남 : 흠, '5월병'이라고 하는 것은, 5월이 되면, 아무 것도 하고
싶지 않게 되어, 공부나 일에 집중할 수 없게 되는 병입니
다. 단지 이것은 정식적인 병명이 아닙니다만.

여 : 대학생이 자주 '5월병'에 걸린다고 듣습니다만.

남 : 예. 특히 대학교 1학년이 자주 걸립니다. 이것은 '5월병'이
스트레스와 관계 있기 때문입니다. 신입생은 4월에 입학
합니다. 그래서 새로운 생활이나 환경에 익숙해지려고 해
서 열심히 하죠. 그것이 스트레스가 됩니다. 4월은 문제가
없어도, 한달 정도 뒤에 피로가 나오는 것입니다.

여 : 과연. 그럼 5월병에 걸리지 않도록 하려면 어떻게 하면
됩니까?

남 : 스포츠나 독서 등, 자신에게 맞는 방법으로 긴장을 풀며,
스트레스를 받지 않도록 하는 것이 중요합니다.

대학교 1학년이 자주 '5월병'에 걸리는 것은 왜입니까?

❶ 피곤하기 쉬운시기이니까

❷ 스트레스가 쌓이기 쉬운 시기이니까

❸ 스포츠나 독서를 하지 않으니까

❹ 공부만 하고 있으니까

정답 ❷

어휘 大学 대학 一年生 1학년 五月病 5월병
専門家 전문가 伺う 「聞く-묻다」의 겸양어
勉強 공부 仕事 일 集中 집중 病気 병
正式 정식 名前 이름 特に 특히 関係 관계
新入生 신입생 四月 4월 入学 입학
新しい 새롭다 生活 생활 環境 환경
慣れる 익숙해지다 がんばる 열심히 하다
大丈夫だ 문제없다 疲れ 피로 出る 나오다
読書 독서 合う 맞다 方法 방법
リラックスする 긴장을 풀다 ためる 쌓다
大事だ 중요하다

6番  116

男の人と女の人が話しています。男の人が今の会社
を辞めたがっている理由は何ですか。

男：すみません。仕事を探しているんですけど、こち
らでよろしいでしょうか。

女：ええ。どうぞおかけください。

男：はい。よろしくお願いします。

女：今どこかに勤めていますか。

男：はい。でも、今の会社は生活に余裕がないんで
す。いつも残業ばかりで、もう少し家族と一緒に
過ごせるところで働きたいと思っています。

女：そうですか。それで、どんな仕事をお探しです
か。

男：ええと、コンピューター関係の仕事がいいんで
すが。

女：コンピューターですね。あと、給料や会社の場

所などはどうですか。

男：家族がいるので、給料は月40万円はほしいですねえ。場所は、今住んでいるところから、30分以内でいけるところがいいです。

女：失礼ですが、今おいくつですか。

男：35歳です。

女：うーん。ちょっと合うものがありませんねえ。

男の人が今の会社を辞めたがっている理由は何ですか。

❶ 今の会社は家から遠いから

❷ コンピュータを使いたくないから

❸ 今の仕事は忙しいから

❹ 今の仕事は給料が安いから

남자와 여자가 이야기하고 있습니다. 남자가 지금 회사를 그만두고싶어하는 이유는 무엇입니까?

남 : 실례합니다. 일을 찾고 있습니다만, 이쪽에서 하고 있습니까?

여 : 예. 앉으세요.

남 : 예. 잘 부탁합니다.

여 : 지금 어딘가에서 근무하고 있습니까?

남 : 예. 하지만, 지금 회사는 생활에 여유가 없습니다. 항상 잔업만 해서, 조금 더 가족과 함께 보낼 수 있는 곳에서 일을 하고 싶습니다.

여 : 그렇습니까? 그래서 어떤 일을 찾습니까?

남 : 흠, 컴퓨터와 관계된 일이 좋습니다만.

여 : 컴퓨터이군요. 또 급료나 회사의 위치 등은 어떻습니까?

남 : 가족이 있기 때문에 급료는 월에 40만 엔은 원합니다. 장소는 지금 살고 있는 곳에서 30분 이내로 갈 수 있는 곳이 좋습니다.

여 : 실례입니다만, 지금 연세가 어떻게 됩니까?

남 : 35세입니다.

여 : 흠, 좀 맞는 곳이 없군요.

남자가 지금 회사를 그만두고싶어하는 이유는 무엇입니까?

❶ 지금 회사는 집에서 머니까

❷ 컴퓨터를 사용하고 싶지 않으니까

❸ 지금 일은 바쁘니까

❹ 지금 일은 급료가 싸니까

정답 ❸

어휘　会社 회사　辞める 그만두다　理由 이유　仕事 일

探す 찾다　かける 앉다　勤める 근무하다
生活 생활　余裕 여유　残業 잔업　少し 조금
家族 가족　一緒に 함께　過ごす 보내다
働く 일하다　使う 사용하다　給料 급료
場所 장소　月 달　住む 거주하다　以内 이내

1番　　117

女の人の説明を聞いてください。

女：車を運転するときは、安全のためにシートベルトをします。事故のとき、シートベルトをしていないと大きな怪我をしてしまいます。また運転中は急に止まったり、曲がったりすることもあるので、事故にあわなくてもシートベルトをしたほうが安全です。昔は、運転する人と、その隣の席に座っている人は必ずしなければなりませんでした。ですが、法律が変わって、今では後ろの席に座っている人もシートベルトをしなければならないことになりました。事故にあったとき、後ろの席に座っている人がベルトをしていないと、その人だけではなくて、前に座っている人も怪我をしてしまうからだそうです。

女の人は何について話していますか。

❶ 車の運転の仕方

❷ 車の選び方

❸ 車の乗り方

❹ 車の修理

여자의 설명을 들어주세요.

여 : 차를 운전할 때는 안전을 위해서 안전벨트를 맵니다. 사고 때, 안전벨트를 하고 있지 않으면 큰 부상을 입어버립니다. 또, 운전 중에는 급하게 멈추거나, 돌거나 하는 일도 있기 때문에 사고를 당하지 않더라도 안전벨트를 하는 편이 안전합니다. 옛날에는 운전하는 사람과 그 옆자리에 앉아 있는 사람은 반드시 매어야만 했습니다. 그러나, 법률이 바뀌어, 지금은 뒷자리에 앉아 있는 사람도 안전벨트를 매지 않으면 안되게 되었습니다. 사고를 당했을 때, 뒷

자리에 앉아 있는 사람이 벨트를 하지 않으면, 그 사람뿐만 아니라 앞에 앉아 있는 사람도 부상을 당해버리기 때문이라고 합니다.

여자는 무엇에 대해서 이야기하고 있습니까?

❶ 차의 운전방법
❷ 차의 선택방법
❸ 차의 타는 방법
❹ 차의 수리

정답 ❸

어휘 説明 설명　車 차　運転 운전　安全 안전
　　 事故 사고　怪我 부상　急に 갑자기
　　 止まる 멈추다　曲がる 돌다　昔 옛날　隣 옆
　　 席 좌석　座る 앉다　必ず 반드시　法律 법률
　　 変わる 바뀌다　後ろ 뒤

2番　118

男の人がある店について話しています。

男 : この店は、1時間300円で利用できます。店の中には漫画や雑誌がたくさん置いてあって、自由に読むことができます。パソコンも一人一台あってインターネットもできます。あと、飲み物は好きなものを何杯でも飲むことができます。ですが、この店を利用するには、最初に手続きをして、会員にならなくてはいけません。

この店を利用するために、まず何をしますか。

❶ インターネットで予約する
❷ 自分が読む漫画を買う
❸ 会員になる手続きをする
❹ お金を払う

남자가 어떤 가게에 대해서 이야기하고 있습니다.

남 : 이 가게는 1시간에 300엔으로 이용할 수 있습니다. 가게 안에는 만화랑 접지가 많이 놓여져 있어서 자유롭게 읽을 수가 있습니다. 컴퓨터도 한 명당 한 대씩 있어서 인터넷도 할 수 있습니다. 그리고 음료수는 좋아하는 것을 몇 잔이라고 마실 수가 있습니다. 하지만, 이 가게를 이용하려면 처음에 수속을 하고. 회원이 되어야만 합니다.

이 가게를 이용하기 위해서 우선 무엇을 합니까?

❶ 인터넷으로 예약한다
❷ 자신이 읽은 만화를 산다
❸ 회원이 되는 수속을 한다
❹ 돈을 지불한다

정답 ❸

어휘 店 가게　利用 이용　漫画 만화　雑誌 잡지
　　 置く 두다　自由に 자유롭게　読む 읽다
　　 一台 한 대　飲み物 음료수　何杯 몇 잔
　　 동사기본형+ には ~하려면　最初 처음
　　 手続き 수속　会員 회원

3番　　119

女の人の話を聞いてください。

女 : 皆さん、こんにちは。私は人事部長をしております境井と申します。どうぞよろしくお願い致します。先ほどは総務部長の方から経営実績及び今後5年間の経営戦略について話がありましたが、私の方からは社風について話をさせていただきます。当社の社員は「連帯プレー」を合言葉としています。具体的には2か月に一度自分の業務意外の仕事に取り組んで他の部署の業務内容を知ってもらいます。普段自分がしている仕事が他の部署にどのような影響を与えているか、また他の部署のおかげで自分がどれほど順調に仕事ができているか分かります。これを行う理由は全社員の意思疎通を図ることが会社の発展につながると思っているからです。皆さんはこの後まだまだ就職活動をされると思いますが、入社試験の際にまたお会いできることを期待しております。

この人はどのような場で話をしていると思いますか。

❶ 会社説明会
❷ 入社式
❸ 株主総会
❹ 人事部の会議

여자의 이야기를 들어주세요.

여 : 여러분, 안녕하세요. 저는 인사부장을 하고 있는 사카이라고 합니다. 잘 부탁합니다. 조금 전에는 총무부장으로부터 경영실적 및 앞으로 5년 간의 경영전략에 대해서 이야기가 있었습니다만, 저는 사풍에 대해서 이야기를 하겠습니다. 당사의 사원은 '연대 플레이'를 신조로 하고 있습니다. 구체적으로는 2달에 한 번 자신의 업무이외의 일에 몰두해서 다른 부서의 업무내용을 알게 합니다. 평소 자신이 하고 있는 일이 다른 부서에 어떤 영향을 주고 있는지, 또 다른 부서 덕분으로 자신이 얼마만큼 순조롭게 일을 할 수 있는지를 알 수 있습니다. 이것을 행하는 이유는, 전 사원의 의사소통을 도모하는 것이 회사의 발전에 연결된다고 생각하고 있기 때문입니다. 여러분은 앞으로 아직 취업활동을 하실 거라고 생각합니다만, 입사시험 때에 또 만날 수 있도록 기대하고 있겠습니다.

이 사람은 어떤 자리에서 이야기하고 있다고 생각합니까?

❶ 회사 설명회
❷ 입사식
❸ 주주총회
❹ 인사부의 회의

정답 ❶

어휘 人事 인사 部長 부장
　　　申す 言う –말하다 의 겸양어 先ほど 조금 전
　　　総務 총부 経営 경영 実績 실적 及び 및
　　　今後 앞으로 ～年間 ～년 간 戦略 전략
　　　社風 사풍

　　　사역형+ ていただく ～하겠다(겸양표현)
　　　当社 당사 社員 사원 連帯 연대
　　　合言葉 신조, 표어 具体的 구체적 一度 한 번
　　　業務 업무 以外 이외 仕事 일
　　　取り組む 몰두하다 他 다른 部署 부서
　　　内容 내용 普段 평소 影響 영향 与える 주다
　　　順調に 순조롭게 意思 의사 疎通 소통
　　　図る 도모하다 発展 발전 つながる 연결되다
　　　就職 취직 活動 활동 入社 입사 試験 시험
　　　際 때 期待 기대

4番　120

先生がゼミで学生に話しています。

男 : えー、前期のゼミは今日で終わりますが、先週に引き続き、子供の抱える問題について皆で考えたいと思います。では最初に、孤独についてですが、ユニセフが行った調査によると、日本の11才から15才までの約30%が「自分は孤独だと感じている」と答えています。
この調査は33か国で行われて、同様の回答は国際平均で約７％です。しかし、君たちが実際に行ったアンケートでは、友だちの数を質問すると平均4.5人でしたね。別の機関が行った調査では、国際平均が約２人なので、これは意外な結果と言えます。これから、一見矛盾するこの結果を、みんなで分析してみたいと思います。

これは何のゼミだと思いますか。

❶ 経済学
❷ 児童心理学
❸ 物理学
❹ 政治学

선생님이 세미나에서 학생에게 이야기하고 있습니다.

남 : 흠, 전기의 세미나는 오늘로 끝납니다만, 지난주에 이어 아이가 안고 있는 문제에 대해서 다같이 생각하고 싶다고 여깁니다. 그럼 먼저, 고독에 대해서 입니다만, 유니세프가 행한 조사에 의하면 일본의 11세부터 15세까지의 약30%가 '자신은 고독하다고 느끼고 있다'라고 대답하고 있습니다.
이 조사는 33개국에서 행해졌고, 똑같은 대답은 국제평균 약 7%입니다. 그러나 자네들이 실제로 행한 앙케트에서는 친구의 수를 질문하자 평균 4,5명이었죠. 다른 기관이 행한 조사에서는 국제평균이 약 두 명이기 때문에, 이것은 의외의 결과라고 할 수 있습니다. 앞으로, 언뜻 보면 모순되는 이 결과를 다같이 분석해 보고싶다고 생각합니다.

이것은 무슨 세미나라고 생각합니까?

❶ 경제학
❷ 아동심리학
❸ 물리학
❹ 정치학

정답 ❷

어휘 先生 선생님 ゼミ 세미나 学生 학생 前期 전기

今日 오늘　終わる 끝나다　先週 지난주

引き続く 곧 뒤따르다, 잇달다　抱える 안다

問題 문제　皆 모두　考える 생각하다　最初 처음

孤独 고독　行う 행하다　調査 조사　約 약

感じる 느끼다　答える 대답하다　同様 같음

回答 회답　国際 국제　平均 평균　君 자네

実際 실제　数 수　質問 질문　別 다른　機関 기관

意外 의외　結果 결과　一見 언뜻 봄　矛盾 모순

分析 분석

5番  **121**

セミナーで女の人が話しています。

女：こんにちは。今回で２回目になりますが、今日は人間関係について話をしたいと思います。いい人間関係を作るにはどうしたらいいか。私はずばり、「いい人」を演じることをやめるべきだと思います。相手の態度や発言に対しておかしいと感じても、人間関係を壊したくないために何も言わずに済ませてしまうことはありませんか。言いたいことも言わずに心おだやかに仕事ができればいいでしょうが、そんな仏様のように広い心を持った人なんて、そう多くはいないと思います。たとえ相手が上司でも、おかしいと感じたことは、はっきり言うべきだと思います。ただし、誠意を持って言ってください。ここが肝心です。

どこの人間関係について話していますか。

❶ 家庭

❷ 職場

❸ サークル

❹ お寺

세미나에서 여자가 이야기하고 있습니다.

여 : 안녕하세요. 이번으로 두 번째가 됩니다만, 오늘은 인간관계에 대해서 이야기를 하고 싶다고 생각합니다. 좋은 인간관계를 만들려면 어떻게 하면 좋을까? 저는 단도직입적으로 '좋은 사람'을(인 것처럼) 연기하는 것을 그만두어야

한다고 생각합니다. 상대방의 태도나 발언에 대해서 이상하다고 느껴도, 인간관계를 망가뜨리지 않기 위해서 아무 말도 하지 않고 끝내버리는 일은 없습니까? 하고 싶은 말도 하지 않고 마음 편안히 일을 할 수 있으면 좋겠습니다만, 그런 부처님처럼 넓은 마음을 가진 사람은 그렇게 많지는 않다고 생각합니다. 비록 상대방이 상사라도 이상하다고 느낀 것은 분명히 말하는 편이 좋다고 생각합니다. 단지, 성의를 가지고 행해 주세요. 이것이 중요합니다.

어디의 인간관계에 대해서 이야기하고 있습니까?

❶ 가정

❷ 직장

❸ 서클

❹ 절

정답 ❷

어휘 今回 이번　〜回目 〜번 째　人間関係 인간관계

作る 만들다　동사기본형＋には 〜하려면

ずばり 단도직입적으로　演じる 연기하다

〜べきだ 〜해야만 한다　相手 상대방　態度 태도

発言 발언　〜に対して 〜에 대해서　おかしい 이상하다

感じる 느끼다　壊す 부수다, 망가뜨리다

済ませる 끝내다　心 마음　おだやかだ 온화하다

仕事 일　仏様 부처님　広い 넓다　〜なんて 〜은(는)

たとえ〜でも 비록〜라도　上司 상사

はっきり 분명히　ただし 단지　誠意 성의

肝心だ 중요하다

問題 Ⅳ

1番  **122**

男：はっきりしたろう。あきらめたらどうだい。

女：1. 君にはもう何も教えないわ。

　　2. うるさいな。好きにさせてよ。

　　3. もう飽きたの？もうちょっとやればいいのに。

남 : 분명해졌지? 포기하면 어때?

여 : 1. 너에게는 아제 아무 것도 가르쳐주지 않아.

　　2. 시끄러워. 마음대로 하게 해 줘.

3. 벌써 질렸어? 좀 더 하면 좋은데.

정답 ❷

어휘 はっきり 분명히　あきらめる 포기하다
　　　君 너, 자네　教える 가르치다　飽きる 질리다

女：電話もくれないなんてひどいわ！
男：1. 電話だけでごめんなさい。
　　2. ごめんなさい、すっかり忘れてたよ。
　　3. ごめんなさい、電話してしまった。

여 : 전화도 주지 않다니 심해.
남 : 1. 전화만으로 미안해.
　　2. 미안해, 완전히 잊고 있었어.
　　3. 미안해, 전화해 버렸다.

정답 ❷

어휘 電話 전화　すっかり 완전히
　　　忘れる 잊다

男：よくわからないんだけど…。これでいいのかい。
女：1. 分からないことはやらないほうがいいわよ。
　　2. まさか、そんなことないですよ。
　　3. ちょっと待ってください。今確認しますから。
남 : 잘 모르겠는데…. 이것으로 되었어?
여 : 1. 모르는 것은 하지 않는 편이 좋아.
　　2. 설마, 그런 일은 없어.
　　3. 잠시 기다려 주세요. 지금 확인할 테니.

정답 ❸

어휘 分かる 알다　まさか 설마　待つ 기다리다
　　　確認 확인

女：東京出身の人って誰だっけ？
男：1. 何人かいたけど思い出せないな。
　　2. 東京は行ったことがないから分からない。

3. 地域によって違うと思うよ。

여 : 도쿄 출신인 사람은 누구지?
남 : 1. 몇 사람인지 있었지만 생각나지 않아.
　　2. 도쿄는 간 적이 없어서 몰라.
　　3. 지역에 따라서 다르다고 생각해.

정답 ❶

어휘 出身 출신　誰 누구　思い出す 떠올리다　地域 지역
　　　〜によって 〜에 의해서　違う 다르다

男：右の方ちょっと押さえておいてもらえる？
女：1. 頭に来るからしかたないわよ。
　　2. 右の方は絵がかかっています。
　　3. え、こうですか。

남 : 오른 쪽 좀 눌러 주지 않을래?
여 : 1. 열 받으니까 어쩔 수 없어.
　　2. 오른쪽은 그림이 걸려 있습니다.
　　3. 옛, 이렇게 말입니까?

정답 ❸

어휘 右 오른쪽　押さえる 누르다　頭に来る 열 받다
　　　絵 그림　かかる 걸리다

男：あ、安藤さん、外出るついでに本社から書類取
　　って来てもらえない？
女：1. えっ、全然違う方向じゃないですか。
　　2. 本社には部長が行きましたよ。
　　3. 書類をコピーしたのは池田さんです。

남 : 아, 아베 씨, 밖에 나가는 김에 본사로부터 서류 가져다 주
　　지 않을래?
여 : 1. 옛? 전혀 다른 방향이지 않습니까?
　　2. 본사에는 부장님이 갔습니다.
　　3. 서류를 복사했던 것은 이케다 씨입니다.

정답 ❶

어휘 外 밖　出る 나가다　本社 본사　書類 서류

全然^{ぜんぜん} 전혀　違う^{ちが} 다르다　方向^{ほうこう} 방향　部長^{ぶちょう} 부장

7番  128

女：この企画に野村さんは欠かせませんね。
男：1. ええ、絶対彼が必要です。
　　2. ええ、彼に入ってもらう必要はありません。
　　3. いいえ、書かせましょう。

여：이 기획에 노무라 씨는 뺄 수 없군요.
남：1. 예, 절대 그가 필요합니다.
　　2. 예, 그가 들어올 필요는 없습니다.
　　3. 아뇨, 쓰게 합시다.

정답 ❶

어휘 企画^{きかく} 기획　絶対^{ぜったい} 절대　必要^{ひつよう} 필요　入る^{はい} 들어오다
　　書く^か 쓰다

8番  129

男：一人で悩んでないで、誰かに言ってみたのかい。
女：1. 一人では何もできないから助けを求めました。
　　2. 誰でも悩みはあるものですから、心配しません。
　　3. 反対されるのが怖くて、そんな勇気ありませんよ。

남：혼자서 고민하지말고, 누군가에게 말해 보았어?
여：1. 혼자서는 아무 것도 할 수 없어서 도움을 청했습니다.
　　2. 누구라도 고민은 있는 것이니 걱정하지 않습니다.
　　3. 반대 당하는 것이 무서워서, 그런 용기 없습니다.

정답 ❸

어휘 悩む^{なや} 고민하다　助け^{たす} 도움
　　求める^{もと} 요구하다, 추구하다　心配^{しんぱい} 걱정　反対^{はんたい} 반대
　　怖い^{こわ} 무섭다　勇気^{ゆうき} 용기

9番  130

女：これ、いただいても差し支えありませんか。
男：1. ええ、時間は十分にあります。
　　2. ええ、どうぞお持ち帰りください。
　　3. ええ、ごゆっくり。

여：이거, 받아도 지장이 없겠습니까?
남：1. 예, 시간은 충분히 있습니다.
　　2. 예, 가지고 가세요.
　　3. 예, 푹 쉬세요.

정답 ❷

어휘 いただく もらう -받다 의 겸양어　差し支え^{さ つか} 지장
　　時間^{じかん} 시간　十分^{じゅうぶん}に 충분히
　　持ち帰る^{も かえ} 가지고 돌아가다

10番  131

男：君の案、すんなり通ったそうだね。
女：1. ええ、がっかりです。
　　2. ええ、やり直します。
　　3. ええ、ほっとしました。

남：자네의 제안이 순조롭게 통과되었다고 하더군.
여：1. 예, 실망입니다.
　　2. 예, 새로 하겠습니다.
　　3. 예, 한 숨 놓았습니다.

정답 ❸

어휘 君^{きみ} 너, 자네　すんなり 순조롭게　通る^{とお} 통과되다
　　がっかり 실망하는 모습　やり直す^{なお} 새로 하다
　　ほっとする 안심하다, 한 숨 돌리다

11番  132

女：生演奏なんて素敵!
男：1. 普通はカラオケなのにね。
　　2. 普通は缶ビールなのにね。
　　3. 普通は定食なのにね。

여：라이브 연주라니 굉장해!
남：1. 보통은 가라오케인데 말이죠.
　　2. 보통은 캔 맥주인데 말이죠.

3. 보통은 정식인데 말이죠.

정답 ❶

어휘 生演奏 라이브 연주　素敵だ 멋지다, 굉장하다

普通 보통　缶 캔　定食 정식

12번  133

男：何だい、ひどいな。今頃来ても遅すぎるよ。

女：1. そんなこと言わないでよ。来てあげただけで
　　も感謝してほしいくらいよ。

　　2. いつもちゃんと約束を守るからみんなに好か
　　れるわけだわ。

　　3. そんなことないわ。今出発しても間に合うと
　　思うわよ。

남：뭐야, 심하군. 지금 와도 너무 늦어.

여：1. 그런 말하지마. 와 준 것만으로도 감사해주기를 원하는
　　정도야.

　　2. 항상 분명히 약속을 지키니까 모두에게 인기가 있는 거
　　야.

　　3. 그렇지 않아. 지금 출발해도 시간에 맞을 거라고 생각
　　해.

정답 ❶

어휘 今頃 지금쯤　遅い 늦다　感謝 감사

ちゃんと 분명히　約束 약속　守る 지키다

好かれる 인기가 있다　出発 출발

間に合う 시간이나 양에 맞다

問題 Ⅴ

1번  134

女性3人が結婚の相手について話しています。ミチ
子さんはどんなタイプの人が好きですか?

女1：6月になるとどうしてこうみんな結婚結婚っ
　　てうるさいのかな…。最近ホントブルーだよ
　　ね。ミチ子はどう?

女2：わかるわかる。私も、毎週のようにコンパした
　　りお見合いパーティー行ったりしてるのに全

敗…。婚活してても、意味ない気がしてきた。

女3：2人とも理想高すぎるんだよ。いつも聞いて
　　るけど、年収とか性格とかこだわりすぎよ。そ
　　んな人なかなかいないし、いてもそういう好
　　条件の人なんて、たいがいもう結婚してるで
　　しょう。違う?(ちょっと間をおいて)あ、洋子は、
　　この前の医者、どうだったの?今度はイケそ
　　うだって言ってたのに。

女1：仕事と経済力は問題なかったんだけど、全然
　　男に見えないのよ。なんか弱々しくて。頼りな
　　さそうで。

女2：じゃ、私に紹介してよ、その男。私男らしくなく
　　ても経済力があったらそれでいいから。顔も
　　不細工じゃなかったらOKよ。

女3：もうミチ子にはあきれた…。そこまで飢えて
　　たの?

ミチ子さんはどんなタイプの人が好きですか?

❶ 不細工でもやさしい人

❷ 医者で理想が高い人

❸ 経済力があって男らしい人

❹ 顔はまあまあでもリッチな人

여성 세 명이 결혼 상대에 대해서 이야기하고 있습니다. 미치
코 씨는 어떤 타입의 사람을 좋아합니까?

여1：6월이 되면 왜 이렇게 모두 결혼 결혼이라며 시끄러울
　　까…. 최근에 정말로 우울하구나. 미치코는 어때?

여2：알 수 있겠어 그 마음, 나도 매주 미팅을 하거나 맞선 파
　　티에 가고 있는데 완전히 꽝이야. 결혼준비를 해도 의미
　　가 없는 느낌이 들어.

여3：두 사람 다 이상이 지나치게 높아. 항상 듣고 있는데 연
　　봉이나 성격 등에 너무 집착해. 그런 사람은 좀처럼 없
　　고 있어도 그런 호조건의 사람은 대체로 이미 결혼했어.
　　아냐? 아, 요코는 이 전의 의사, 어땠어? 이번에는 잘 될
　　것 같다고 말했는데.

여1：직업과 경제력은 문제가 없었지만, 전혀 남자로 보이지
　　않아. 뭔가 약하며. 미덥지 않은 것 같고.

여2：그럼 나에게 소개해, 그 남자. 나는 남자답지 않아도 경
　　제력이 있으면 그것으로 만족하니까. 얼굴도 추남이 아
　　니면 OK야.

여3：이제 미치코에게는 질렸다…. 그렇게 까지 굶주렸니?

미치코 씨는 어떤 타입의 사람을 좋아합니까?

① 못생겨도 자상한 사람

② 의사이고 이상이 높은 사람

③ 경제력이 있고 남자다운 사람

④ 얼굴은 그저그래도 부자인 사람

정답 ④

어휘 女性 여성　結婚 결혼　相手 상대방

ブルー 우울함　毎週 매주　コンパ 미팅

お見合い 맞선　全敗 전패　婚活 결혼을 위한 준비

意味 의미　気がする 느낌이 들다　理想 이상

年収 연봉　性格 성격　こだわる 집착하다

好条件 호조건　違う 다르다　間をおく 틈을 두다

医者 의사　今度 이번　いける 잘 되다　仕事 직업

経済力 경제력　問題 문제　全然 전혀

頼り 의지, 기댐　紹介 소개　不細工 못생김

あきれる 질리다　飢える 굶주리다

2番　135

同窓会でみんなお酒を飲みながら話しています。宇野さんはどうしてウイスキーを飲みませんか。

女　：なつかしいね、この写真、修学旅行の〜。

男2：どれどれ?いや〜、若いな〜これ。

男1：あ〜。この時、俺盲腸で行けなかったんだよなー。行きたくて行きたくて泣きわめいた覚えあるよ。

女　：他にはタイムカプセルに何入ってたの?

男2：おい!ウイスキー入ってるぜ。誰だよ入れたの?

男1：あ、それ俺だ。ウチ酒屋だから…親父に入れとけって言われて…。この時のためだったのかもな。

男2：さすが宇野の親父さん。10年後をわかってるね。じゃ、早速飲もうぜ!

女　：もう、健ちゃん!せっかちな性格全然変わってないね。

男1：俺はちょっと遠慮しとくよ。

女　：どうして?車で来たの?宇野君のなのに…。

男1：酒ダメなんだよね、実は。ちょっとでもすぐ気持ち悪くなっちゃって。

男2：酒屋の息子が飲めないなんてお笑いだな。

宇野さんはどうしてウイスキーを飲まないのですか。

① 盲腸だったから

② 車で来たから

③ 遠慮しているから

④ 酒に弱いから

동창회에서 모두 술을 마시면서 이야기하고 있습니다. 우노 씨는 왜 위스키를 안 마십니까?

여　：그립네, 이 사진, 수학여행 때지?

남2：어디 봐! 우와, 이 사진 젊구나.

남1：이 때, 나는 맹장염으로 못 갔어. 너무 가고싶어서 울부짖은 기억이 있어.

여　：그 외에는 타입캡슐에 뭐가 들어있었어?

남2：이봐! 위스키 들어가 있어, 누가 넣었지?

남1：아, 그거 나야. 우리 집이 술집을 하니까…아버지가 넣어 둬 라고 하셔서…. 오늘을 위해서일까?

남2：과연 우노 아버님이셔. 10년 후를 아셨구나. 그럼 바로 마시자!

여　：이런 켄 군! 성급한 성격은 전혀 변하지 않았군.

남1：나는 좀 사양할게.

여　：왜? 차로 왔어? 우노 너 술인데….

남1：실은 술을 못 마셔. 조금이라도 마시면 바로 몸이 나빠져.

남2：술집 아들이 술을 못 마시다니 우습군.

우노 씨는 왜 위스키를 안 마십니까?

① 맹장염이니까

② 차로 왔기 때문에

③ 삼가고 있으니까

④ 술에 약하니까

정답 ④

어휘 同窓会 동창회　お酒 술　飲む 마시다

なつかしい 그립다　写真 사진

修学旅行 수학여행　若い 젊다　俺 나

盲腸 맹장(염) 泣きわめく 울부짖다 覚え 기억
他 다른 入る 들어가다 入れる 넣다 酒屋 술집
親父 아버지 ～とけ＝～ておけ ～해 둬
さすが 과연 後 후 早速 바로 せっかち 성급함
性格 성격 全然 전혀 変わる 변하다 遠慮 삼감
実は 실은 息子 아들 ～なんて ～라니

3番 136

大学の新入生歓迎会の話をしています。

男1：新入生歓迎会の場所について話したいと思いま
す。今のところ4つ候補がありまして、居酒屋、学
生食堂、ボーリング、食事会を考えています。ま
ず、居酒屋の場合は、一番親睦が図れるだろうと
思いますが、新入生は未成年なので、もし何か
あったときに困ります。次に学生食堂。ここは安
く借りられるので費用面での負担は少なくて済
みます。ボーリングの場合、上手下手のチーム
分けをうまくすること、チーム内だけでしか話が
できないなど、もっと検討が必要です。最後の食
事会ですが、この場合、大学近くの「満腹亭」にし
ようと思っています。広いし、安いし、量も多い。
また、去年も行った場所なので比較的融通もき
くし、楽に準備も進められると思います。

男2：あれ？新入生歓迎会って居酒屋じゃないの？

女 ：ちょっと考えたらわかるでしょ！未成年もいる
し、先生もくるんだから。

男2：あ、そういうことね。じゃ、去年と一緒でいいん
じゃない？2次会から居酒屋行ったらいいし。

女 ：いい加減なこと言わないでよ。私はあそこ、質
より量だからちょっと嫌なのよ。

男2：じゃ一番安いところしかないでしょう？ボーリ
ング大会みたいになったら仲良くなりづらい
し、チーム分け大変だし。

女 ：そうよね、どうせ安い所は味がどこも似たり寄
ったりだし、学校内なら新入生も参加しやすい
んじゃない？

男2：終わってからは自由なんでしょう？楽しみだな〜。

女 ：飲ませちゃだめよ。

質問1 男の人が歓迎会で行きたいと思っている場
所はどこですか。

❶ 居酒屋

❷ 学生食堂

❸ ボーリング場

❹ 食事会

質問2 女の人が歓迎会をしてもいいと思っている
ところはどこですか。

❶ 居酒屋

❷ 学生食堂

❸ ボーリング場

❹ 食事会

대학 신입생 환영회 이야기를 하고 있습니다.

남1 : 신입생 환영회 장소에 대해 이야기하고 싶습니다. 지금으로
는 4개의 후보가 있는데, 선술집, 학생식당, 볼링, 식사모임을
생각하고 있습니다. 우선 선술집 경우는 가장 친목을 도모할
수 있을 거라 생각됩니다만, 신입생은 미성년자이기 때문에,
만약 무슨 일이 있을 때 곤란합니다. 다음으로 학생식당. 여기
는 싸게 빌릴 수 있기 때문에 비용면에서의 부담은 적어서 좋
습니다. 볼링의 경우 잘 하는 사람과 그렇지 않은 사람의 팀
을 잘 나누는 것, 팀 내의 사람 외에는 이야기 할 수 없는 등
좀 더 검토가 필요합니다. 마지막으로 식사모임입니다만, 이
경우 대학 근처의 '만뿌꾸 테이'로 하려고 생각중입니다. 넓고
싼데다 양도 많고, 또 작년에도 갔던 장소이기 때문에 비교적
융통성 있고 편하게 준비도 진행할 수 있을 거라 생각합니다.

남2 : 어? 신입생환영회는 선술집에서 하는 거 아니야?

여 : 조금만 생각하면 알 수 있는 거잖아. 미성년도 있고, 선
생님도 오시니까.

남2 : 아, 그런 거구나. 그럼, 작년하고 같은 데로 가면 괜찮지
않나? 2차부터 선술집 가면 되고.

여 : 대충 말하지 마. 나는 거기, 질보다 양이니까 좀 싫어.

남2 : 그럼 가장 싼 곳 밖에 없겠지? 볼링 대회 같은 것이 되면
서로 친해지는 건 어렵, 팀 나누는 것도 힘들고.

여 : 그렇군. 어차피 싼 곳은 맛은 어디나 똑같고, 학교 안이라
면 신입생도 참가하기 쉽지 않아?

남2 : 끝나고 나서는 자유시간이지? 재밌겠다.

여 : 술 너무 먹이면 안 돼.

질문1 남자가 환영회에서 가고싶다고 생각하고 있는 장소
는 어디입니까?

❶ 선술집
❷ 학생식당
❸ 볼링장
❹ 식사 모임

질문2 여자가 환영회에서 가고싶다고 생각하고 있는 장소
는 어디입니까?

❶ 선술집
❷ 학생식당
❸ 볼링장
❹ 식사 모임

해법 남자가 가고싶어 하는 곳은 「あれ?新入生歓迎会って
居酒屋じゃないの?」라고 하며 술집에서 환영회를 하
고싶어하는 것을 알 수 있다. 그리고 여자는 「どうせ安
い所は味はどこも似たり寄ったりだし、学校内なら
新入生も参加しやすいんじゃない?」라고 하며, 비싼
곳보다 학교 내에 있는 학생식당에서 모임을 가질 것
을 원하고 있다.

관련어휘 口に合わない 입에 맞지 않다

忘年会 송연회 新年会 신년회

紅葉狩り 단풍놀이 朝食付き 조식포함

税込み 세금포함 顔を出す 참가하다

控える 삼가다

정답 1. ❶　　　2. ❷

어휘 新入生 신입생 歓迎会 환영회 場所 장소

候補 후보 居酒屋 선술집 学生 학생 食堂 식당

食事会 식사 모임 親睦 친목 図る 도모하다

困る 곤란하다 次 다음 借りる 빌리다

費用面 비용면 負担 부담 済む 해결되다

上手だ 능숙하다 下手だ 서툴다 分け 나눔

検討 검토 必要 필요 最後 마지막 近く 근처

量 양 去年 작년 比較的 비교적 融通 융통

楽に 편하게 準備 준비 進める 진행하다

未成年 미성년 2次会 2차 いい加減 적당함

質 질 大会 대회 仲良い 사이가 좋다

大変だ 힘들다 どうせ 어차피 味 맛

似たり寄ったり 비슷비슷함, 대동소이(大同小異)함

参加 참가 終わる 끝나다 自由 자유

楽しみ 기대가 됨

MEMO

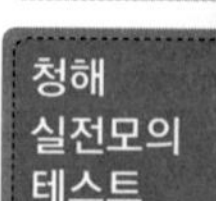
청해

청해
실전모의
테스트

N2(1회) 聴解 解答用紙

受験番号
Examinee Registration Number

名　前
Name

< ちゅうい　Notes　>

1. くろいえんぴつ（HB、No. 2）で
かいてください。
Use a black medium soft
(HB or No 2) pencil.

2. かきなおすときは、けしゴムで
きれいにけしてください。
Erase any unintended marks
completely.

3. きたなくしたり、おったりしないで
ください。
Do not soil or bend this sheet.

4. マークれい　　Marking examples

よい Correct	わるい Incorrect

問　題　1

1	①	②	③	④
2	①	②	③	④
3	①	②	③	④
4	①	②	③	④
5	①	②	③	④

問　題　2

1	①	②	③	④
2	①	②	③	④
3	①	②	③	④
4	①	②	③	④
5	①	②	③	④
6	①	②	③	④

問　題　3

1	①	②	③	④
2	①	②	③	④
3	①	②	③	④
4	①	②	③	④
5	①	②	③	④

問　題　4

1	①	②	③
2	①	②	③
3	①	②	③
4	①	②	③
5	①	②	③
6	①	②	③
7	①	②	③
8	①	②	③
9	①	②	③
10	①	②	③
11	①	②	③
12	①	②	③

問　題　5

1		①	②	③	④
2		①	②	③	④
3	(1)	①	②	③	④
	(2)	①	②	③	④

N2(2회) 聴解 解答用紙

受 験 番 号 Examinee Registration Number	

名　前 Name	

< ちゅうい　Notes >

1. くろいえんぴつ（HB、No.2）で
　かいてください。
　Use a black medium soft
　(HB or No 2) pencil.

2. かきなおすときは、けしゴムで
　きれいにけしてください。
　Erase any unintended marks
　completely.

3. きたなくしたり、おったりしないで
　ください。
　Do not soil or bend this sheet.

4. マークれい　Marking examples

よい Correct	わるい Incorrect
●	⊗ ◌ ◯ ◉ ⊜ ◍ ◌

問　題　1

1	①	②	③	④
2	①	②	③	④
3	①	②	③	④
4	①	②	③	④
5	①	②	③	④

問　題　2

1	①	②	③	④
2	①	②	③	④
3	①	②	③	④
4	①	②	③	④
5	①	②	③	④
6	①	②	③	④

問　題　3

1	①	②	③	④
2	①	②	③	④
3	①	②	③	④
4	①	②	③	④
5	①	②	③	④

問　題　4

1	①	②	③
2	①	②	③
3	①	②	③
4	①	②	③
5	①	②	③
6	①	②	③
7	①	②	③
8	①	②	③
9	①	②	③
10	①	②	③
11	①	②	③
12	①	②	③

問　題　5

1		①	②	③	④
2		①	②	③	④
3	(1)	①	②	③	④
	(2)	①	②	③	④

저자소개

이장우 (李長雨)

현재 학원강사로 활동 중

주요 저서

新 일본어능력시험 한번에 패스하기 N1, N2 문자·어휘 / 문법
新 일본어능력시험 한번에 패스하기 N1, N2 독해
JPT파트 1·2를 지배하는 법
JPT파트 3·4를 지배하는 법
JPT파트 5·6를 지배하는 법
JPT파트 7·8를 지배하는 법
문제로 잡는 일본어능력시험 1급/2급/3·4급 외 다수

초판발행   2010년 10월 11일
1 판 3 쇄   2015년 7월 30일

저자   이장우
펴낸이   엄호열
펴낸곳   (주)시사일본어사
등록일자 1977년 12월 24일
등록번호 제 300 - 1977 - 31호
주소   서울시 종로구 자하문로 300 시사빌딩
전화   내용문의 (02) 764 - 1582
          주문문의 (02) 3671 - 0555
팩스   (02) 3671 - 0500
홈페이지 http://book.japansisa.com
이메일   sisa_japan@daum.net

ISBN   978-89-402-7216-9 18730